案解民法典——群众身边的法律顾问系列读本 | 总主编/徐向春

案解民法典

群众身边的法律顾问·人格权编

张国轩/主 编

中国检察出版社

图书在版编目（CIP）数据

案解民法典：群众身边的法律顾问．人格权编／张国轩主编．
—北京：中国检察出版社，2021.1

ISBN 978－7－5102－2481－2

Ⅰ.①案… Ⅱ.①张… Ⅲ.①民法－法典－案例－中国②人格－权利－案例－中国 Ⅳ.①D923.05

中国版本图书馆 CIP 数据核字（2020）第 166483 号

案解民法典——群众身边的法律顾问·人格权编

张国轩　主编

出版发行：中国检察出版社
社　　址：北京市石景山区香山南路 109 号（100144）
网　　址：中国检察出版社（www.zgjccbs.com）
编辑电话：（010）86423707
发行电话：（010）86423726　86423727　86423728
　　　　　（010）86423730　86423732
经　　销：新华书店
印　　刷：北京宝昌彩色印刷有限公司
开　　本：710 mm×960 mm　16 开
印　　张：10.75
字　　数：130 千字
版　　次：2021 年 1 月第一版　2021 年 1 月第一次印刷
书　　号：ISBN 978－7－5102－2481－2
定　　价：32.00 元

《案解民法典——群众身边的法律顾问》系列读本
编 委 会

《案解民法典——群众身边的法律顾问·人格权编》

编 委 会

主　编　张国轩

副主编　张诗美

撰稿人　余结兵　李玉蓉　李丽琴　廖艳军

黎来娟　汤　一

审　稿　于　倩

《案解民法典——群众身边的法律顾问》系列读本编写说明

这是写给广大群众的民法典学习用书。

2020 年 5 月 28 日，十三届全国人大三次会议审议并表决通过了《中华人民共和国民法典》，于 2021 年 1 月 1 日起正式施行。这是新中国第一部以法典命名的法律，具有里程碑意义。民法典既有价值引领，也是行为规范。《中华人民共和国民法典》第 1 条开宗明义地把“弘扬社会主义核心价值观”写入其中，引导人们向上、向善；引导人们诚实守信，友好交往；引导人们坚守公平正义，弘扬社会正能量；引导人们厉行节约，保护环境；引导人们正确行使权利，有效防范风险，充分履行责任。除了价值和理念层面的引导，民法典以七编的版块结构、洋洋大观的 1260 个具体条文，围绕着每个人从呱呱坠地到结婚生子、死亡，从柴米油盐到衣食住行徐徐铺陈开来，与每一个人的生老病死息息相关，是名副其实的“社会生活百科全书”。可以说，民法典是最接地气的法律，是每一个人须臾不可离开的法律。

这是以案例阐释法律的通俗读物。

社会生活纷繁复杂，民法精神养成和制度演进历史悠长，民法理论博大精深，民法学学术研究成果卷帙浩繁，学习、运用民法典绝非易事。对于普通读者来说，通过案例学习法律，是最佳途径。案例是社会生活的实例，是法律实施的场景化、具体化。结合案例阐释法律，能够使静态的法条、抽象的理论变得动态、立体、鲜活、易懂，广大普通读者也能结合相关、近似案例学习民法典、运用民法典，在自己关心的民法问题、涉及自身的民事案件中，找到更直接、更真切的参照系。以案例为载体，是丛书编写最基本的考虑。

这是结构完整、编排科学的准法律工具书。

本丛书的编写，是通过常见问题、典型案例、相关法律相结合的形式，采取以案说法、以案释法的方式进行普法宣传，为群众提供法律咨询服务。丛书各分编各篇目均统一体例，以问题为导向，以问题查找案例、以案例引出法条，具有速查功能。每一个问题的展开过程为：问题+基本案情+问题描述+裁判情况+释法析理+相关法条的模式。各要素的具体内涵是：

（一）问题：即各篇之篇名。以该问题作为具体篇目的名称，全部篇目完成后，以问题生成目录，方便检索查找。

（二）基本案情：简要概述具体案件的基本情况。案件的选取力求具有典型性、代表性，是实践中的常见问题，总体法律关系明确、案情典型。

（三）问题描述：综合案件具体情况，明确该案的核心法律争点，是对题目的具体描述和界定。

（四）裁判情况：重点梳理法院审理的过程及生效的裁判结论。

（五）释法析理：综合案件具体情况，根据裁判结论，对针对此类问题的民法典的相关规定进行解释说明。解释说明力求简明扼要、通俗易懂，不照搬法条，不作学理性阐释。

（六）相关法条：列出该问题及案例涉及的主要法律法规及司法解释，并按照民法典的条文在前，其他法律法规及司法解释在后的顺序排列。

这是特色鲜明、易用好用的大众读物。

第一，重点突出。以满足群众社会生活中常见法律需求为目标，针对实践中普遍存在的矛盾纠纷类型，立足于普通群众、日常生活、常见问题的视角，突出日常生活和社会生活中常见纠纷类型和典型法律问题，选取民法典的重点条文进行解读和宣传，不求面面俱到、逐条涉及，亦不作全面解读。

第二，问题典型。一是选常见问题，源于生活的实际问题，避免生僻问题或生造问题；精准提炼问题，以小切口讲述民生大问题，避免空泛和专业，凸显具体化和生活化。二是选实际问题，根据实际案例提炼问题，尽量选取公开的案例，以权威的裁判为基础。三是选成熟问题，在同一个问题有多个案例的情况下，优选更为典型、效果更好、裁判文书说理更为充分者。四是选有解释价值的问题，不选普遍不存在疑惑的问题，比如“老张借给老李一笔钱可以要回来吗?”这样的问题其答案是不言自明、人尽皆知的。但“老张借给老李一笔钱，没有约定还款日期，老张什么时候可以要回来?”就是有价值的问题。

第三，语言通俗。语言是表达和理解的工具。本丛书的编写立足群众需求，文字表达力求准确精练、通俗易懂，以法律人讲生活语言、社会语言的方式，将法言法语转换为易为群众理解的语言。

策划、编写《案解民法典——群众身边的法律顾问》系列读本，是我们控告申诉检察干警学习、贯彻民法典的具体举措；是我们在建设社会主义法治国家的伟大征程中，以自己的绵薄之力助力民法典的普法宣传，满足广大人民群众学习、运用民法典的重要方式。期待本丛书的编写和出版发行能发挥助推形成全社会主动学法、办事依法、遇事找法的习惯，以防范民事交往的挫折和风险，减少社会治理成本，形成良法善治的有效治理态势。

最高人民检察院第十检察厅

2021 年 1 月

目 录
CONTENTS

过失导致他人婚礼录像灭失应否承担精神损害赔偿责任

（第 990 条、第 996 条）

基本案情

韩某因结婚庆典需要，与某礼仪服务店达成服务协议，由某礼仪服务店提供婚庆服务套餐，双方协商价格为 6999 元，韩某按照约定支付了 6999 元费用。韩某所使用的婚庆套餐中，明确载明拍摄内容为视频形式。在婚庆服务过程中，因某礼仪服务店摄像所用内存卡损坏，导致所拍摄的婚庆视频永久灭失，无法交付韩某。韩某遂起诉要求退还支付的婚庆服务费 6999 元，并赔偿精神损害抚慰金 2 万元。

问题描述

人格权是民事主体享有的生命权、身体权、健康权、姓名权、名称权、肖像权、名誉权、荣誉权、隐私权等权利。具有人格象征意义的特定纪念物品，因侵权行为而永久性灭失或者毁损，物品所有人可以以侵权为由，向侵权人主张精神损害赔偿。本案的争议焦点是，某礼仪服务店过失导致韩某婚礼录像灭失，是否侵犯韩某的人格权，韩某可否向该店主张精神损害赔偿。

裁判情况

本案经过一审、二审。法院经审理认为，由于某礼仪服务店的行为给韩某造成了无法弥补的损失及精神伤害，韩某作为权利人有权向某礼仪服务店主张权利，某礼仪服务店应适当赔偿精神抚慰金。

裁判结论：某婚庆礼仪服务店返还韩某服务费2100元，并赔偿韩某精神损害抚慰金1.5万元。

释法析理

公民的人格权受法律保护，公民或者其他组织由于过错侵害他人人格的，应当承担赔偿责任。婚礼录像记录的是人生中的重大活动，具有永久纪念意义，当时的场景、人物和神态具有时间性、珍贵性和不可再现性，是无法补救、不可替代的特定纪念物品，其承载的人格和精神利益要远大于成本价值。本案中，某礼仪服务店因摄像机所使用内存卡损坏，导致韩某具有特殊纪念意义及人格象征意义的婚礼视频永久灭失，韩某无法通过视频重温婚礼的温馨美好时刻，侵害了韩某的人格权益，也对韩某及家人造成一定的精神损害，某礼仪服务店的行为存在过错，故韩某有权要求返还服务费及赔偿精神损害抚慰金。

相关法条

1.《中华人民共和国民法典》第九百九十条 人格权是民事主体享有的生命权、身体权、健康权、姓名权、名称权、肖像权、名誉权、荣誉权、隐私权等权利。

除前款规定的人格权外，自然人享有基于人身自由、人格尊严产生的其他人格权益。

2.《中华人民共和国民法典》第九百九十六条 因当事人一方的违约行为，损害对方人格权并造成严重精神损害，受损害方选择请求其承担违约责任的，不影响受损害方请求精神损害赔偿。

隐瞒已婚事实致女方怀孕并流产是否构成侵权

（第 990 条）

基本案情

张某隐瞒已婚的事实，以欺骗的方式，用单身、求婚、奉子成婚的名义与董某交往，导致其怀孕。董某因结婚无望等原因，被迫进行人工流产。后董某以张某造成其严重的身心伤害和损失为由，向法院提起诉讼，要求张某赔偿医疗费、误工费、精神损害抚慰金等费用。

问题描述

本案系人格权纠纷案件。民法典明确规定，人格权是民事主体享有的生命权、身体权、健康权、姓名权、名称权、肖像权、名誉权、荣誉权、隐私权等权利。除前款规定的人格权外，自然人享有基于人身自由、人格尊严产生的其他人格权益。本案的争议焦点是，张某的行为是否构成对董某人格权的侵犯，是否应承担侵权责任。

裁判情况

本案经过一审、二审。法院经审理认为，张某的行为构成对董某一般人格权的侵害，应承担相应的赔偿责任。

裁判结论：张某赔偿董某医疗费、误工费共 5319.05 元；赔偿董某精神损害抚慰金 5000 元。

释法析理

本案中，法院经审理认定了张某在已婚且有子女的情况下，谎称单身与董某开始婚恋交往，并致使董某怀孕的事实。鉴于张某在上述欺骗行为的基础上，与董某发生性关系并致其怀孕，造成董某一定的精神损害，应认定张某存在侵权行为。就张某侵犯董某何种权利的问题，该案一审法院以生命权、健康权、身体权作为立案案由，二审中董某主张张某侵犯了人格权项下的性权利。张某虽致董某怀孕，后董某因结婚无望等原因被迫进行人工流产，但这一后果并非是张某上述侵权行为的直接后果，故本案显然不应认定张某侵犯了董某的身体权或健康权。董某主张张某侵犯其性权利，具有一定的事实基础和合理性，但对性选择权、贞操权等学术层面的权利表述，目前我国法律尚未明确规定。一般而言，性选择权或贞操权等属于一般人格权的范畴。所谓一般人格权，是指公民、法人享有的，包括人格独立、人格自由和人格尊严内容的一般人格利益，并由此产生和规定具体人格权的个人基本权利。故此，应认定张某在本案中侵犯董某的一般人格权，并由此承担相应的精神损害赔偿及医疗费、误工费赔偿责任。

相关法条

《中华人民共和国民法典》第九百九十条 人格权是民事主体享有的生命权、身体权、健康权、姓名权、名称权、肖像权、名誉权、荣誉权、隐私权等权利。

除前款规定的人格权外，自然人享有基于人身自由、人格尊严产生的其他人格权益。

向婚外情对象的配偶发送婚外情动态是否构成侵害人格权

（第 990 条、第 991 条）

基本案情

曾某与王某系夫妻关系。2019 年 4 月 25 日，陈某通过其个人新浪微博发布一条内容为曾某丈夫王某与陈某婚外情的动态，并@曾某。2019 年 6 月 12 日至 6 月 23 日期间，陈某又通过新浪微博私信功能向曾某陆续发送了大量消息。内容包括陈某与王某聊天记录的截图、陈某与王某聊天发送的照片、陈某与王某的亲密照片等。曾某遂诉至法院，请求判令陈某向其赔礼道歉，消除影响，恢复名誉，并赔偿精神损害抚慰金及律师费等。

问题描述

民法典明确规定，自然人享有基于人身自由、人格尊严产生的人格权益；民事主体的人格权受法律保护，任何组织或者个人不得侵害。本案的争议焦点是，陈某陆续向曾某发送其与曾某丈夫婚外情的动态、照片、短信的行为是否构成对曾某人格权的侵害。

裁判情况

法院经审理认为，陈某的行为侵害了曾某的人格尊严权，对其正常生活造成了侵扰，应当承担相应民事责任。

裁判结论：陈某向曾某书面赔礼道歉，赔偿精神损害抚慰金及律师费。

释法析理

自然人基于人身自由、人格尊严产生的其他人格权益同样受法律保护，任何组织或者个人不得侵害。行为人因过错侵害他人人格权益，应当承担侵权责任。本案中，陈某在明知王某系曾某合法配偶的情况下，继续与王某保持不正当交往关系，显属不当，有悖于一般公序良俗。陈某将其与王某交往经过公开发布于新浪微博中并@曾某，还将其与王某裸露身体、亲密的照片及聊天记录在一段时间内持续、大量地向曾某私信发送，并配相应文字等，显然陈某的目的并不仅在于告知曾某其与王某交往的事实，更在于对曾某作为王某合法配偶身份的挑衅、侮辱及威胁。陈某上述行已侵害了曾某的人格尊严权，对曾某的正常生活造成了侵扰，其多次、持续地侵害曾某的人格尊严权，给曾某造成较严重的心理创伤。因此，陈某应承担向曾某赔礼道歉，并赔偿精神损害抚慰金等侵权责任。

相关法条

1.《中华人民共和国民法典》第九百九十条 人格权是民事主体享有的生命权、身体权、健康权、姓名权、名称权、肖像权、名誉权、荣誉权、隐私权等权利。

除前款规定的人格权外，自然人享有基于人身自由、人格尊严产生的其他人格权益。

2.《中华人民共和国民法典》第九百九十一条 民事主体的人格权受法律保护，任何组织或者个人不得侵害。

企业拒招女工应否承担侵权责任

（第 990 条）

基本案情

梁某，女，于2015年2月6日取得中式烹调师三级/高级技能职业资格证书。2015年6月28日，梁某在“58同城”网站上看到某酒楼发布招聘厨房学徒的广告，该广告中并无明确性别要求。次日，梁某前往该酒楼应聘，填写了入职申请表，但该酒楼未对其进行面试，称当时因厨房学徒一职已经招满，故没有安排梁某面试。

2015年7月，梁某在“58同城”网站上再次看到某酒楼发布同一岗位的招聘广告，遂申请某市公证处对“58同城”网站上该公司发布的招聘广告进行公证。公证书显示该酒楼招聘的职位为配菜/打荷（招8人），任职资格及其他条件载明“1. 男性，18~25岁；2. 身体健康，反应灵敏；……”在梁某向某酒楼询问情况时，酒楼前台工作人员告知其“厨房学徒不要女的”“厨招女工，即便具备厨师证也不行”“不是说有没有实力的问题，这是管理的问题，就是如果不招女生的话就是不招”……梁某遂以某酒楼就业歧视的行为导致其心情低落、自信心受挫等为由，要求该酒楼公开书面赔礼道歉并赔偿经济损失、精神损害抚慰金。

问题描述

简单来说，就业平等权是指劳动者不论民族、种族、性别、宗教信仰等的不同，依法享有平等就业、自主择业而不受歧视的权利。就业平等权不仅属于劳动者劳动权利的范畴，亦属于劳动者作为自然人的人格权范畴。对民事主体人格权造成侵害的，应承担相应的侵权责任。本案的争议焦点是，该酒楼是否应对招聘中拒绝招收女工的行为承担责任。

裁判情况

本案经过一审、二审。法院经审理认为，某酒楼在招聘过程中仅因招聘者性别而产生的区别、限制以及排斥的行为，损害了梁某的就业平等权，给梁某造成了一定的精神损害。该酒楼应该认识到自身行为的不当，按照有关法律规定，应向梁某作出书面赔礼道歉并赔偿相应的精神损害抚慰金。

裁判结论：某酒楼向梁某作出书面赔礼道歉，并向梁某赔偿精神损害抚慰金 2000 元。

释法析理

劳动者就业，不因民族、种族、性别、宗教信仰不同而受歧视。妇女享有与男子平等的就业权利。在录用职工时，除国家规定的不适合妇女的工种或者岗位外，不得以性别为由拒绝录用妇女或者提高对妇女的录用标准。参照国务院颁布的《女职工劳动保护特别规定》附录，某酒楼招聘的厨房学徒职位，其工作内容并不属于不适合女性从事的劳动范围。现实生活中，女性在家庭生活中完全可以胜任厨房烹调、料理等工作，女性从事厨房类工作，符合社会成员的普遍心理预期。某酒楼在发布招聘广告中明确要求求职者性别为男性；在梁某前往面试时未提供平等的面试机会；在梁某前往询问时，该酒楼前台人员表示厨房不招女工。可见，该酒楼无论在发布招聘广告中还是在实际招聘过程中，均未对梁某的能力是否满足岗位要求进行审查，而是直接以梁某的性别为由拒绝梁某应聘，拒绝给予梁某平等的面试机会，已构成对女性应聘者的区别及排斥，侵犯了梁某的平等就业的权利。

平等就业权属于人格权范畴。侵害人格权的，应当依法承担侵权责任。该酒楼应当承担赔礼道歉并赔偿相应的精神损害抚慰金的民事责任。

相关法条

《中华人民共和国民法典》第九百九十条 人格权是民事主体享有的生命权、身体权、健康权、姓名权、名称权、肖像权、名誉权、荣誉权、隐私权等权利。

除前款规定的人格权外，自然人享有基于人身自由、人格尊严产生的其他人格权益。

死者名誉权受到侵害的其近亲属能否主张侵权责任

（第 994 条）

基本案情

赵某系赵某甲之子。2011 年 11 月 8 日，某百度用户在百度百科上创建名为“赵某甲”的百度词条，词条内容分为“简介”和“著作”两部分，其中“著作”中包括“歌剧剧本《某某》”。本案诉讼中，赵某表示其与家人并不认识该百度用户，但认可其创建的词条内容。2013 年 1 月 30 日，“赵某甲”词条被百度用户“某某佳人”编辑，将“著作”中的“歌剧剧本《某某》”删除，修改原因为“原文错误需要修改”。2013 年 6 月 20 日，“某某佳人”再次对“赵某甲”词条进行编辑，将“简介”末尾添加“赵某甲是大文贼”字句，修改原因为“赵某甲品质不好，应该揭露”。

赵某因认为“赵某甲”词条简介被恶意添加侵犯赵某甲名誉权的字句，先后赴百度公司投诉部门、通过“百科”网页申诉渠道维权，要求百度公司删除上述字句，并赔礼道歉、赔偿损失，同时披露“某某佳人”身份。2018 年 7 月 16 日，百度公司删除了案涉词条中“某某佳人”添加的字句及修改原因，并通过手机短信回复赵某，告知其已履行“通知－删除”义务，不同意其他诉求。2018 年 8 月，赵某再次致信百度公司重申上述诉求。经协商无果，赵某遂向法院起诉，提出百度公司赔偿精神损害抚慰金 6 元、赔礼道歉以及消除影响等诉讼请求。

问题描述

赵某甲系我国老一辈文艺工作者，其生前创作了诸多文艺作品，尤其是歌剧《某某》，系新中国文艺作品中的精品，理应受到后人的尊敬。“某某佳人”在案涉词条中的“简介”末尾添加对赵某甲职业道德、人格加以侮辱、贬损的言论，基于百度百科的开放性，上述内容一经添加，即可被赵某甲的亲友，以及不特定的互联网用户获悉，且从内容发布至被百度公司删除，历时 5 年之久，严重损害了赵某甲的名誉。本案的争议焦点是，死者名誉权受到侵害的，其任一近亲属是否有权提起诉讼并请求精神损害赔偿。

裁判情况

法院经审理认为，百度公司在应当知悉网络用户利用其网络服务侵害他人民事权益之时，未采取必要措施，未尽到网络服务提供者的管理义务。百度公司应当向赵某承担民事侵权责任。

裁判结论：百度公司在百度百科“赵某甲”词条页面的显著位置公开发布赔礼道歉公告，向赵某赔礼道歉，消除影响，并赔偿赵某精神损害抚慰金 6 元。

释法析理

自然人的名誉权等人格尊严受法律保护，禁止用侮辱、诽谤等方式损害自然人的名誉。网络用户、网络服务提供者利用网络侵害他人民事权益的，应当承担侵权责任。本案中，赵某主张的侵权事实涉及其父死亡后的名誉权。我国法律、司法解释明确赋予死者近亲属提起名誉权侵权诉讼的权利，并赋予死者近亲属就侵害死者名誉、利益主张精神损害赔偿的权利。对死者进行负面的社会评价，不仅侵犯了死者的名誉，也影响到近亲属整体利益以及个人利益。因此，对于死者任一近亲属，均有权请求法院对死者人格权进行保护，也可以同时基于其近亲属身份追究侵犯其本人人格权的责任。

本案中，尽管案涉词条并非“赵某甲”亲友所创建，或者授意他人创建，但根据赵某所述可知，词条创建时的内容获得赵某甲亲友的认可，互联网用户可以通过该词条了解赵某甲的生平及其代表作品，并形成对赵某甲的客观评价。“某某佳人”系某百度平台用户注册的虚拟名称，其对“赵某甲”词条的编辑，影响互联网用户真实、全面了解赵某甲的生平及其代表作品，一定程度上造成赵某甲社会评价的降低。“某某佳人”在案涉词条中的“简介”末尾添加对赵某甲职业道德、人格加以侮辱、贬损的言论，基于百度百科的开放性，上述内容一经添加，即可被赵某甲的亲友，以及不特定的互联网用户获悉，且从内容发布至被百度公司删除，历时5年之久，严重损害了赵某甲的名誉。

网络服务提供者知悉注册网络用户实施的侵权行为后，应主动进行审核并采取措施，否则需承担侵权责任。作为百度百科的管理者，百度公司应当具备预防侵权风险发生的意识，并应当根据其能力采取必要、合理措施加以规制。尤其是对于人物类词条的编辑，因涉及对人物的评价，极易出现主观化、情绪化以及特殊针对性的表达。百度公司在应当知悉网络用户利用其网络服务侵害他人民事权益之时，未采取必要措施，未尽到管理义务，因此应当对赵某承担民事侵权责任。

相关法条

《中华人民共和国民法典》第九百九十四条 死者的姓名、肖像、名誉、荣誉、隐私、遗体等受到侵害的，其配偶、子女、父母有权依法请求行为人承担民事责任；死者没有配偶、子女且父母已经死亡的，其他近亲属有权依法请求行为人承担民事责任。

何种情形属于对他人肖像权的合理使用

（第 994 条、第 1020 条）

基本案情

严某英是我国著名的黄梅戏表演艺术家，其与王某乾育有一子王某甲、与王某亚育有一子王某乙，丈夫王某亚已于 2013 年 4 月 16 日去世。吴某是我国著名黄梅戏演员。2010 年 4 月 13 日，由吴某担任制作人的舞台剧《严某英》在北京召开新闻发布会，王某甲应邀参加了新闻发布会，并向吴某转交了严某英的 3 本笔记用于支持吴某创作。该剧于 2010 年 6 月在北京首演，吴某扮演剧中严某英。首演后，该剧在全国公开演出很多场次。2010 年 12 月 20 日，该剧在合肥首演，王某亚观看了表演，评价该剧“非常好”“挑不出毛病”。2018 年，芜湖某剧院联系吴某复排该剧，预备参加第八届中国（安庆）黄梅戏艺术节，并于 4 月 20 日、21 日在芜湖某剧院演出了两场。芜湖某剧院与吴某签订演出合同，约定双方合作复排两场舞台剧《严某英》，吴某负责提供剧本、音乐资料、舞美布景、道具服装等有关演出能正常使用的资料，芜湖某剧院支付吴某 1.5 万元酬金。《芜湖市国家文化消费试点工作实施方案》规定，参与芜湖市文化消费试点工作的文化单位可以向芜湖市政府财政按月兑现试点工作期间给予观众的消费补贴资金。芜湖某剧院根据该方案上演了舞台剧《严某英》，在收取舞台剧演出门票时给予观众票价补贴优惠。复排后的《严某英》借助严某英的生活肖像、舞台剧照，通过黄梅戏的艺术表演方式，讲述严某英与谢某秋（原型为甘某之）、张某然（原型为王某乾）、汪某友（原型为王某亚）3人的交往和情感，表达严某英对黄梅戏的追求与热爱。其后，因王某乙、王某甲向芜湖某剧院与安庆市相关单位寄发律师函，该剧停演并取消参加第八届中国（安庆）黄梅戏艺术节。随后，王某乙、王某甲诉至法院，请求判令芜湖某剧院停止侵权，发表赔礼道歉声明，并协调下架在各大视频网站上所发布的相关演出视频；赔偿精神损害抚慰金1元及维权费用若干；吴某对上述损害赔偿责任承担连带责任。

问题描述

民法典规定，死者的姓名、肖像、名誉、荣誉、隐私、遗体等受法律保护。本案的争议焦点是，2018年4月20日、4月21日芜湖某剧院、吴某在芜湖市某剧场合作演出两场舞台剧《严某英》是否侵犯已故黄梅戏表演艺术家严某英的姓名、肖像、隐私等人格权益。

裁判情况

本案经过一审、二审。二审法院经审理认为，芜湖某剧院、吴某合作演出的舞台剧《严某英》，其披露的所谓隐私，不构成对已故黄梅戏表演艺术家严某英姓名权、肖像权、隐私权的侵犯。

裁判结论：驳回王某甲、王某乙的诉讼请求。

释法析理

《中华人民共和国民法典》第994条规定，死者的姓名、肖像、名誉、荣誉、隐私、遗体等受到侵害的，其配偶、子女、父母有权依法请求行为人承担民事责任；死者没有配偶、子女且父母已经死亡的，其他近亲属有权依法请求行为人承担民事责任。因此，死者的姓名、肖像、名誉、荣誉、隐私等人格利益仍是法律保护的对象。

本案中，芜湖某剧院、吴某合作演出舞台剧《严某英》，旨在向广大戏剧爱好者传播、颂扬严某英舍弃小爱，一心追逐黄梅戏艺术大爱的光辉事迹与精神，符合社会公共利益的需要，属于对严某英姓名、肖像的合理使用，达不到侵害严某英姓名、肖像的程度。芜湖某剧院虽收取了舞台剧《严某英》的两场演出门票，并支付了吴某一定的演出报酬，但一方面该剧复排演出主要目的是预备参加第八届中国（安庆）黄梅戏艺术节，具有弘扬传播艺术的正当性，另一方面该剧是芜湖某剧院根据芜湖市国家文化消费试点工作的安排引进，通过芜湖市政府给予消费补贴的方式收取门票，与纯粹以营利为目的而举办的商业演出存在本质区别。以营利为目的使用姓名、肖像在实践中主要表现为利用姓名或者肖像做广告、商标、装饰橱窗等，其显著的特征是以姓名或者肖像本身的影响力或者价值为主要手段营利。而在本案中，舞台剧《严某英》虽使用严某英的姓名作为剧名，舞台背景中偶尔穿插使用了严某英的肖像，使用方式及使用频次尚未超出合理范围，且无论是出于致敬历史名人，还是出于创作的客观需要，使用历史名人姓名、肖像等对创作演出历史名人类型剧作本身在所难免；同时，该剧创作者兼剧中严某英人物的表演者吴某本身就是当代著名黄梅戏演员，自身亦具有较强的影响力，该剧获利主要来源于创作者吴某本人对于严某英历史人物的理解与艺术加工，并通过表演团队唯美的舞蹈、精致的造型、流转变化的灯光、专业的演员表演、极具感染力的演唱等方式予以呈现，产生相应的收益归原创性著作权享有者们所有更为适宜。结合王某甲参加了该新闻发布会、王某亚观看该剧后给予高度评价，该剧在 2010 年首演后在全国公开演出很多场次等客观事实，足以认定本案严某英的近亲属对该剧的内容早已知晓或者应当知晓，多年并未表示过异议。基于此种信赖，芜湖某剧院、吴某在8年后复排该剧应属正当，现王某乙、王某甲指责其存冒犯之意及侵犯之举未免不公。因此，王某乙、王某甲主张芜湖某剧院、吴某合作演出舞台剧《严某英》侵犯严某英姓名、肖像权益无法成立。

另外，隐私的本质是一种不愿为他人知晓的私人信息。根据从事社会活动的不同，可以将隐私的享有主体分为公众人物和普通大众。公众人物，指的是因特殊才能、成就、经历或者其他特殊原因而为广大公众所熟知，并与社会公共利益密切相关的重要社会人物，包括政治公众人物、社会公众人物等。社会公众人物主要是指艺术家、影视明星、体育明星等，因从事的事业与活动往往与社会公共生活密切相关，其事业的发展往往与社会公众的关注度紧密相连，所获收益亦来源于社会公共生活。从某种程度上讲，公众人物的事业不仅是他们自己的，也是社会的、公众的，公众了解他们的事业及他们事业有关的个人情况具有一定的正当性。为了满足社会大众的合理关注和兴趣，在隐私权与其他权利保护发生冲突时，对公众人物和普通大众的保护应有所区别，对普通大众的保护程度应当更高，保障范围应当更加全面，对社会公众人物的隐私保护应予合理限制以符合公平原则。就本案而言，严某英作为我国杰出的黄梅戏表演艺术家，属于社会公众人物范畴，对其隐私的保护也应遵循合理限制的原则。该剧在创作手法上用诗意的氛围片段式展现严某英大师艺术成就以及情感经历，披露所谓隐私的方式不属于非法披露、恶意利用，并未违反社会公共利益、社会公德，尚未超出合理使用的限度。该剧所披露的严某英的三段情感经历的基本事实具有客观性及公众可知性。一审、二审期间，吴某均提交了大量证据证明舞台剧《严某英》描述的严某英的三段情感经历的基本事实具有客观性及公众可知性，且证据中的发行出版方多为中央电视台、中国出版集团、北京电视台、安徽新媒体集团等在国内具有较强影响力和公信力的单位，证据真实、合法，且可以相互印证。因此，若该剧呈现的所谓隐私属实，那么该剧涉及的隐私也早在多年前已由严某英近亲属自愿公开，这虽不能作为完全对抗隐私保护的理由，但至少应当作为衡量侵犯隐私程度的重要考量因素。

舞台剧《严某英》本身属于文学作品范畴，并不具有纪实性质，作品涉及的所谓隐私包含艺术再加工创造，是否与客观的历史事实完全符合既不是该剧追求的目标，且严某英已去逝，相关的历史情节及生活细节等也无法逐一考证核实，这也意味着是否属于隐私本就难以确定。因此，芜湖某剧院、吴某合作演出舞台剧《严某英》所披露的所谓隐私亦不构成对已故黄梅戏表演艺术家严某英隐私的侵犯。

相关法条

1.《中华人民共和国民法典》第九百九十四条 死者的姓名、肖像、名誉、荣誉、隐私、遗体等受到侵害的，其配偶、子女、父母有权依法请求行为人承担民事责任；死者没有配偶、子女且父母已经死亡的，其他近亲属有权依法请求行为人承担民事责任。

2.《中华人民共和国民法典》第一千零二十条 合理实施下列行为的，可以不经肖像权人同意：

（一）为个人学习、艺术欣赏、课堂教学或者科学研究，在必要范围内使用肖像权人已经公开的肖像；

（二）为实施新闻报道，不可避免地制作、使用、公开肖像权人的肖像；

（三）为依法履行职责，国家机关在必要范围内制作、使用、公开肖像权人的肖像；

（四）为展示特定公共环境，不可避免地制作、使用、公开肖像权人的肖像；

（五）为维护公共利益或者肖像权人合法权益，制作、使用、公开肖像权人的肖像的其他行为。

何种情形下应认定网络主播言论侵害一般人格权

（第 998 条）

基本案情

陈某系有一定人气的网络主播。2018 年 9 月 30 日、10 月 13 日，陈某以其实名认证的淘宝账户在吴某经营的个人淘宝店铺分别购买了大米、牙膏等物品。2018 年 11 月至 2019 年 1 月间，陈某利用其实际控制的多个快手账号，通过手机录屏的方式截取并录制了“说大米是陈年的”“牙膏刷出血、蜂蜜是假的”等视频，上述视频中的主播均为陈某。视频“说大米是陈年的”中，陈某直播称：“那大米是陈年米……我说的是陈年米，里头那大米搁香精的……你上顿吃下顿吃，终于吃出个胃下垂”；视频“牙膏刷出血、蜂蜜是假的”中，陈某直播称：“……但凡是使那牙膏，……尤其是昨天一说他嘴都刷烂了，……蜂蜜我一看就他妈假的……”

视频中提及的大米、牙膏均为 2018 年 9 月 30 日、10 月 13 日，陈某以其实名认证的淘宝账户在吴某经营的淘宝店铺购买的物品。吴某遂向法院提起诉讼，要求陈某赔礼道歉、消除影响，赔偿经济损失 5.5 万元。

问题描述

消费者对生产者、经营者、销售者的产品质量或者服务质量进行批评、评论，不应当认定为侵害他人名誉权。但借机诽谤、诋毁，损害其名誉的，应当认定为侵害名誉权。本案的争议焦点是，陈某录制的视频是否侵犯了吴某的名誉权。

裁判情况

法院经审理认为，陈某视频中部分批评、评论内容超出合理限度，容易使受众对相关产品产生合理怀疑，给案涉淘宝店铺的商誉即原告吴某的名誉带来一定损害，构成对原告吴某名誉权的侵害。

裁判结论：陈某在快手手机应用程序里以一次直播并上传该作品的方式向原告吴某发表赔礼道歉及消除影响的声明（该视频须置顶1个月），并赔偿吴某维权支出经济损失3000元。

释法析理

名誉是对民事主体的品德、声望、才能、信用等的社会评价。个人网店也有自己的商誉及人格，表现为社会对其的评价，并与经营者的经营行为密不可分，承载着经营者的心血和汗水，在某种程度上成为了经营者人格权益的载体，因而对于网店信誉的侵害行为，实质上构成了对网店经营者的人格利益的侵害。网络直播具有传播快速、范围广和受众不特定等特点，作为具有一定量支持者的网络主播，一旦主播发表失当言论，极易造成对他人权利的侵害甚至不良的社会导向，故网络主播的直播言行应当客观、规范。陈某确有从吴某经营的淘宝店铺购买过部分商品，其认为该店铺销售的产品存在问题，并使用快手手机应用程序以直播方式进行批评、评论，属正常的情感和言论表达。合理的批评客观上也会促使该店铺的经营者反思改正，向好进步。但是，陈某的评论应当具有一定的限度，如果超出了合理的限度，变为不加约束的谩骂或谴责，则背离了批评、评论的目的，成为借机诽谤、诋毁的行为。诸如

“大米搁香精”“吃出个胃下垂”“蜂蜜我一看就他妈是假的”等描述已超过一般消费者对商品的主观感受，被告亦未举证证实该淘宝店铺存在上述以次充好、危害消费者健康等情况，故其评论已超出合理限度，容易使受众对相关产品产生合理怀疑，给涉案淘宝店铺的商誉即吴某的名誉带来一定损害，构成对吴某名誉权的侵害。

相关法条

《中华人民共和国民法典》第九百九十八条 认定行为人承担侵害除生命权、身体权和健康权外的人格权的民事责任，应当考虑行为人和受害人的职业、影响范围、过错程度，以及行为的目的、方式、后果等因素。

死者遗体受损的其近亲属能否要求赔偿遗体器官的标本价值

（第994条、第1007条）

基本案情

赖某等3人系赵某子女，某鉴定中心系某脑科医院的内设机构。赵某生前曾向其工作单位提交捐献遗体人员登记卡，自愿为医学教育科研工作捐献遗体。2013年11月6日，赵某住院治疗期间因心脏骤停临床死亡。赖某等3人于2013年11月12日与某鉴定中心签订司法鉴定协议书，委托该中心对赵某尸体进行解剖并作法医鉴定。司法鉴定协议书中协议事项载明"检材留样保存3个月"，其他约定事项载明"最终检查标本鉴定机构不永久保存，销毁前应征得委托人许可，或归还委托人"。某鉴定中心接受委托后，于次日下午在某中医药大学解剖室进行尸表检查、尸体解剖及病理检查等。尸体解剖后，某鉴定中心工作人员将提取的赵某尸体的部分脏器官及脑组织存放于解剖室，其余部分由赖某等3人领回。2014年7月，赖某等3人要求探视赵某被提取的部分脏器官及脑组织，被告知因存放在某中医药大学解剖室、需实地确定脏器官去向而未果。2014年9月5日，某脑科医院发现赵某遗体器官遗失。2016年12月8日，该脑科医院向赖某等书面赔礼道歉。后双方就赵某遗体器官遗失及赔偿问题协商未果，赖某等3人遂诉至法院，请求判令某脑科医院、某中医药大学共同归还赵某遗体全部内脏及脑组织，如不能归还，则判令共同赔付赵某全部遗体器官的标本价值30万元，用以置办一套人体全部内脏器官及脑组织器官标本，并以赵某的名义捐赠给某中医药大学供教学用；判令某脑科医院、某中医药大学共同向赖某等3人书面公开道歉；判令某脑科医院、某中医药大学共同赔偿赖某等3人精神损害抚慰金30万元。

问题描述

民法典明确规定，死者遗体受到侵害的，其配偶、子女、父母有权依法请求行为人承担民事责任。同时规定，禁止以任何形式买卖人体细胞、人体组织、人体器官、遗体。本案的争议焦点是，死者遗体器官受到侵害的，死者近亲属可否要求行为人赔偿相应器官的标本价值。

裁判情况

法院经审理认为，某鉴定中心、某中医药大学的行为对赖某等3人构成侵权，应承担相应的民事责任。赖某等3人有权要求侵权人赔偿因侵权行为造成的精神损害及赔礼道歉。但赖某等3人要求赔偿30万元的主张没有法律依据，某脑科医院已向赖某等3人书面赔礼道歉。

裁判结论：某脑科医院、某中医药大学连带赔偿赖某等3人精神损害抚慰金18万元，驳回赖某等3人的其他诉讼请求。

释法析理

公民的身体权受法律保护。身体权是以自然人保持其身体器官的完整性为内容的权利，它是人格权的一种，与生命权、健康权合称为“物质性人格权”，是其他人格权赖以存在的前提和物质基础。生命终结后，公民的身体转化为纯自然意义上的物，包括从尸体上分离出来的脏器、血液、毛发及至尸体火化后的骨灰，具有精神价值，成为民事权利的客体。死者家属在不违背死者生前真实意愿和公序良俗的前提下，有权对其进行处分，其他任何组织和个人不得侵犯。赖某等3人母亲赵某死亡后，赖某等3人委托某鉴定中心进行尸体解剖，并约定“检材留样保存3个月，最终检查标本鉴定机构不永久保存，销毁前应征得委托人许可，或归还委托人”。双方均应按法律规定及合同约定履行各自的义务。但因某鉴定中心在进行尸体解剖后，没有将提取的脏器组织及脑组织存放在自己的工作场所予以妥善保管，而是放置在某中医药大学的教学解剖室，其不当处理行为，是造成死者脏器官及脑组织遗失的原因之一。某中医药大学作为教学科研单位，对学校教学、科研场地疏于管理，也是造成死者脏器官及脑组织丢失的原因之一。我国法律对尸体完整性的保护，是对人生前的延伸保护，保护的是人的生前形态的身体利益。某鉴定中心未尽妥善保管义务，某中医药大学未尽到教学场地的应尽管理义务，导致赵某遗体部分脏器官及脑组织丢失，造成人体特征形象的毁损，特别是赖某等3人不能依据死者的遗愿，将完整的尸体捐献给科研单位作为教学或科研之用，侵害了赖某等3人对尸体的处分权；同时，遗体器官的丢失对原本因失去母亲陷入悲痛的赖某等3人无疑是雪上加霜，应当给予抚慰。某鉴定中心、某中医药大学的行为对赖某等3人构成侵权，应承担相应的民事责任。

然而，《中华人民共和国民法典》第1007条明确规定，禁止以任何形式买卖人体细胞、人体组织、人体器官、遗体。因此，人体器官、尸体等不得作为商品进行交易，不能用经济价值进行评估。对于赖某等3人主张由本案某鉴定中心、某中医药大学共同返还赵某遗体全部内脏及脑组织，若不能返还，赔偿遗体器官的标本价值30万元的诉求，在赵某部分脏器官及脑组织已丢失，不能实现返还的情况下，赖某等3人要求赔偿30万元的主张没有法律依据。

另外，对于赖某等3人提出的精神损害抚慰金诉求，法院根据社会生活水准、承担责任的经济能力酌定。对于赔礼道歉的诉求，应根据侵权行为造成的损害后果及不良影响范围予以认定。鉴于侵权行为所造成的影响范围也仅在赵某的家属之间，且某脑科医院已向赖某等3人书面道歉，因此赖某等3人要求再次书面道歉的诉求，法院未予支持。

相关法条

1. **《中华人民共和国民法典》第九百九十四条** 死者的姓名、肖像、名誉、荣誉、隐私、遗体等受到侵害的，其配偶、子女、父母有权依法请求行为人承担民事责任；死者没有配偶、子女且父母已经死亡的，其他近亲属有权依法请求行为人承担民事责任。

2. **《中华人民共和国民法典》第一千零七条** 禁止以任何形式买卖人体细胞、人体组织、人体器官、遗体。

违反前款规定的买卖行为无效。

新闻报道涉及他人真实负面信息是否构成侵权

（第 999 条）

基本案情

曹某与朱某婚后生育一女曹某某，双方因生活琐事及朱某怀疑曹某有外遇而产生矛盾，后经法院判决离婚，曹某某由朱某负责抚养教育。离婚后，曹某未按期支付女儿曹某某的抚育费。经法院两次执行，曹某才与朱某达成执行和解协议，支付此前的抚育费。此后，朱某以曹某某法定代理人身份，以返还房屋、分家析产为由将曹某起诉至法院，后经法院调解结案。其间，某集团所属电视台经法院同意，在该案公开审理的过程中进行了采访。2010 年 6 月 26 日晚，该电视台一栏目以主持人口头叙述并结合记者采访画面的形式，对这起家事纠纷新闻作了报道，主要报道了曹某与其女儿曹某某发生分家析产纠纷的过程和争议焦点、曹某与其妻子朱某婚姻破裂的经过以及曹某对女儿抚养费的支付情况。新闻画面由电视台记者采访庭审、朱某、曹某岳父、曹某某等章节组成，节目主持人在开头引用了“虎毒不食子”这句俗语后，结合庭审及当事人反映的情况在整段新闻中作了叙述。被采访人朱某叙述了与曹某之间的情感纠葛、家庭恩怨、为女儿的房产及抚养费进行诉讼、执行等情况，涉及曹某的家庭生活及其在婚姻期间曹某与异性交往的情况中有“哪有你这种禽兽的”“真是披着羊皮的狼”等表述。

报道播出后，曹某认为该新闻报道侵犯了其名誉权，遂诉至法院，要求法院确认某集团、朱某侵犯其名誉权，向其赔礼道歉、消除影响、恢复名誉，连带赔偿精神损害抚慰金5万元。

问题描述

法律赋予新闻媒体通过报道新闻事件进行舆论监督的权利和义务。但新闻报道严重失实，致他人名誉权受到损害的，应依法承担侵权责任。新闻报道内容基本真实，没有侮辱他人人格内容的，不应认定为侵害他人名誉权。本案的争议焦点是，涉案报道是否侵犯曹某的名誉权。

裁判情况

法院经审理认为，某集团下属电视台所作新闻报道系正当行使舆论监督的行为，内容基本属实，不构成对曹某名誉权的侵害，而朱某接受采访时陈述了相关事实，亦未侵害原告的名誉权。

裁判结论：曹某的诉讼请求缺乏事实和法律依据，对其诉讼请求予以驳回。

释法析理

因新闻报道严重失实，致他人人格权受到损害的，应按照侵害他人名誉权处理。故判断本案诉争的新闻报道是否构成对曹某名誉权的侵害，须以该报道内容是否严重失实为前提。本案这则关于朱某与曹某家事纠纷的新闻报道，主要内容是朱某与曹某对双方婚生女儿曹某某在因房屋拆迁所得的农村多层住宅安置房屋中所享有的产权份额发生争议，并针对曹某在婚内与异性的不检点行为以及未自觉支付抚养费的情况进行了报道。报道涉及被采访人朱某及其父亲对朱某与曹某家庭矛盾的叙述及评论，主持人在节目开头引用了“虎毒不食子”这句俗语。该新闻报道还适当公布了原告的个人情况，使用了原告的肖像。基于该报道首先来源于法院对案件的庭审，而原告曹某与被告朱某确实发生矛盾且已被判决离婚的事实，这些情节使公众更能了解该新闻事件的来龙去脉，属于正常的、必要的报道范围。某集团的报道并无不当，应属行使正当的舆论监督行为，若因此造成对原告不利的影响，亦应由原告自担名誉受损之责任。虽然主持人引用的俗语存在比喻不当的情况，朱某在接受采访过程中存在表述不当的语言，但这些语言是针对原告事实上存在的不当行为，且该新闻报道以庭审中的双方答辩、相关证据、当事人的陈述作为依据，并通过记者采访形式采访了相关人员，内容基本客观、真实地反映了案件经过。故整篇新闻报道并没有出现严重失实之处和恶意编造、侮辱、诽谤原告之情节。该电视栏目作为法制节目，通过对案件的采访，揭露社会中存在的不轨行为，鞭笞丑恶现象，对广大人民群众进行法治宣传，在事实客观存在的基础上，批评不当行为，不属于侵犯名誉权的范畴。朱某在节目采访中对家庭矛盾的陈述，基本属实，亦未侵犯曹某的名誉权。报道中诸如“虎毒不食子”“禽兽”“披着羊皮的狼”等个别语言，以及某些个人私事，并不是陈述所必须，确有不当，但不足以影响该新闻反映的主旨内容，公众也不会仅仅因个别细节产生对全篇报道内容的误解。

相关法条

《中华人民共和国民法典》第九百九十九条 为公共利益实施新闻报道、舆论监督等行为的，可以合理使用民事主体的姓名、名称、肖像、个人信息等；使用不合理侵害民事主体人格权的，应当依法承担民事责任。

通过微信朋友圈发布侮辱他人的信息应如何担责

（第 1000 条）

基本案情

向某与邹某因双方业务结算问题发生矛盾。2018 年 9 月 4 日，邹某在微信朋友圈发表如下文字："黑心老板向某，杭州 × × 号，目前公司无劳务派遣证天天吹嘘……进厂员工尽早离职吧！……"上述文字同时还附有向某的身份证信息。2019 年 4 月 7 日，受邹某委托，贾某在其注册的"A 圈"公众号平台发布题为《劳务曝光：人面兽心向某，阴柔狡诈无耻之至［重大案件］》文章。文章中对向某的描述有：心狠手辣、臭名远扬、行业败类、劳务渣滓、丑恶嘴脸、阴险狡诈丑类恶物、坑蒙拐骗等词语。平台将向某的身份证照片、生活照片、电话号码、微信号、车牌号等个人信息及与向某相关联的公司信息一并发布。经向某投诉，微信公众号管理后台将该文章删除。2019 年 4 月 17 日，"A 圈"将该文章题目修改为《劳务曝光：欺瞒横骗向某，跳梁小丑真卑鄙》，再次发布于"A 圈"微信公众平台。该文章还包括向某的身份证照片、生活照片、电话号码、微信号、车牌号等个人信息。向某再次投诉，微信公众号管理后台于 4 月 24 日予以删除。2019 年 5 月 5 日，"A 圈"将文章《劳务曝光：欺瞒横骗向某，跳梁小丑真卑鄙》再一次发布，微信公众号管理后台再次将该文章删除。

向某遂诉至法院，请求判令邹某、贾某立即停止侵犯原告隐私权、名誉权、肖像权的侵权行为，立即删除微信文章和微信朋友圈；在全国公开发行的报纸并在包括但不限于微博、微信等对原告实施侵权行为的网络平台置顶刊登向原告赔礼道歉的声明，为原告消除影响，恢复名誉，费用由3被告承担；连带赔偿精神损害抚慰金5万元、律师费6000元、公证费2040元。

问题描述

行为人通过微信、微博等网络社交平台散布侮辱他人人格尊严的内容、图片，同时将他人个人身份信息公开，造成不良影响，因此侵犯到他人的名誉权、隐私权的，应当承担相应的民事责任，该责任应当与行为的具体方式和造成的影响范围相当。本案的争议焦点是，邹某和贾某的行为是否侵犯了向某的名誉权、隐私权，应承担什么责任。

裁判情况

法院经审理认为，邹某在微信朋友圈散布侮辱向某人格尊严的文字、贾某未尽严格审查义务，侵犯了向某的名誉权、隐私权，向某要求恢复名誉，赔礼道歉，于法有据。

裁判结论：邹某于判决生效之日起10日内在其微信朋友圈发布声明，对向某进行公开赔礼道歉，为向某消除影响，声明须保留20日（声明内容须事先经法院审查），“允许朋友查看朋友圈”的范围不得少于“最近一个月”，“谁可以看范围”设置为“所有朋友可见（公开）”，不得设置不让他（她）看朋友圈和视频动态人员；贾某、邹某于判决生效之日起10日内在“A圈”公众号发布声明，对向某进行公开赔礼道歉，为向某消除影响，声明须保留20日（声明内容须事先经法院审查）；邹某、贾某于本判决生效之日起10日内赔偿向某公证费2040元及律师费6000元；驳回向某的其他诉讼请求。

释法析理

自然人的人身自由、人格尊严受法律保护。邹某在微信朋友圈散布侮辱向某人格尊严的文字，将向某个人身份信息通过微信公之于众，侵犯了向某名誉权、隐私权。贾某作为“A圈”的注册者，未严格履行文章内容审查义务，在“A圈”公众号推送对向某人格进行贬低的文章并将向某个人信息向公众公布，同样侵犯了向某名誉权、隐私权。因邹某、贾某对向某造成侵权方式主要是通过微信发表不当内容，接收信息的对象亦为特定的关注微信的公众，综合考虑侵权方式、时间、影响范围等因素，通过微信朋友圈和公众号平台足够恢复因侵权行为给向某带来的负面影响，故法院对向某要求在全国公开发行的报纸刊登赔礼道歉的声明的诉讼请求，未予支持，认定由邹某在其微信朋友圈发布赔礼道歉声明，贾某、邹某在“A圈”公众号平台发布赔礼道歉声明。同时，侵权人还应承担被侵权人对侵权行为进行调查取证的合理开支。

相关法条

《中华人民共和国民法典》第一千条　行为人因侵害人格权承担消除影响、恢复名誉、赔礼道歉等民事责任的，应当与行为的具体方式和造成的影响范围相当。

未劝酒的共同饮酒人是否应对醉酒死亡者的近亲属承担赔偿责任

（第 1002 条、第 1005 条）

基本案情

朱某、马某、孙某、王某、付某均系某工程学院大三学生，住同一宿舍。某日晚 7 时许，5 人实习结束后，相约外出聚餐，并邀请另一宿舍的好友郝某。6 人携带马某网购的 5 瓶白酒，到学校外某市场一家名为“某家常菜”的饭店就餐。聚餐中，6 人平分了 4 瓶白酒，还共同喝了 6 瓶啤酒。餐后 6 人均醉酒，一起回学校宿舍。到宿舍后，付某先将朱某扶到床上，后几人均入睡，睡至第二日上午 11 时许。其间，朱某的手机一直响但未接听，王某经查看发现朱某脸色苍白，喊其无回应。付某遂拨打了 120，经 120 诊治后确认死亡。朱某父母遂至法院，请求判令王某、郝某、付某、孙某、马某及某工程学院承担赔偿责任。

问题描述

民法典明确规定，自然人享有生命权。同时规定，自然人的生命权、身体权、健康权受到侵害或者处于其他危难情形的，负有法定救助义务的组织或者个人应当及时施救。本案的争议焦点是，朱某饮酒后，在与马某等 5 人共同安全回到宿舍休息的情况下，马某等 5 人及其所在学校是否应承担侵权责任。

裁判情况

本案经过一审、二审和再审。法院再审认为，朱某作为完全民事行为能力人，应当知道自己的身体状况及酒精的危险性，对过量饮酒可能造成的危险后果应当有足够、清醒的认识，但其在聚会喝酒过程中未理性控制自己，导致过量饮酒死亡，本人具有重大过错，应承担主要责任。马某等5人对朱某过度饮酒负有善意提醒和规劝义务，但没有尽到合理的注意义务，对朱某死亡存在一定过错。某工程学院对于寄宿制学生疏于安全教育和日常管理，对学生酗酒行为未加制止和教育管理，对朱某在宿舍醉酒死亡亦存在一定过错。

裁判结论：马某等5人各赔偿朱某父母死亡赔偿金、丧葬费、精神损害抚慰金、误工费、交通费、住宿费8000元；某工程学院赔偿朱某父母死亡赔偿金、丧葬费、精神损害抚慰金、误工费、交通费、住宿费6万余元。

释法析理

生命健康权是公民的基本权利，依法应予以保护。《中华人民共和国民法典》第1005条规定，自然人的生命权、身体权、健康权受到侵害或者处于其他危难情形的，负有法定救助义务的组织或者个人应当及时施救。实践中，共同饮酒人的注意义务应不仅包括不劝酒、不灌酒以及醉酒后的安全保障义务，还应包括就餐过程中的适度提醒、劝阻，避免过量饮酒。共同饮酒人对醉酒者的伤亡是否承担侵权损害赔偿责任，应当根据相关法律规定，结合法律原则、公序良俗等因素综合考虑。公民在从事民事活动中，应避免使他人陷于不必要的危险境地。饮酒本身并不存在过错，但饮酒是一项人为增加危险性的行为，过量饮酒能使人意识不清醒，或者意外造成人身损害。因此，在数人共同饮酒的特定环境下，共同饮酒人的注意义务，应当但不限于尊重他人的饮酒意愿，不拼酒、不劝酒、不斗酒，同时应对饮酒人予以合理的提醒、劝告、阻止，使其不达到醉酒的状态，不丧失或即将丧失对自身意识和行为的有效控制，并在饮酒后对饮酒人进行合理的照料及安全保障。

本案中，朱某作为完全民事行为能力人，在没有证据证明他人劝酒、恶意灌酒的情形下，过量饮酒导致死亡，自身应承担主要责任。马某等5人对朱某过度饮酒负有善意提醒和规劝义务，但马某等5人没有尽到该合理注意义务，对朱某死亡存在一定过错。而某工程学院对于寄宿制学生疏于安全教育和日常管理，对学生酗酒行为未加制止和教育管理，同样对朱某在宿舍醉酒死亡存在一定过错。因此，马某等5人及某工程学院均应对朱某醉酒死亡承担相应赔偿责任。

相关法条

1. **《中华人民共和国民法典》第一千零二条** 自然人享有生命权。自然人的生命安全和生命尊严受法律保护。任何组织或者个人不得侵害他人的生命权。

2. **《中华人民共和国民法典》第一千零五条** 自然人的生命权、身体权、健康权受到侵害或者处于其他危难情形的，负有法定救助义务的组织或者个人应当及时施救。

接受有偿性服务过程中突发疾病死亡提供服务者是否担责

（第1005条）

基本案情

高某经营一家足疗会馆，除开展足疗、按摩等业务外，还进行卖淫嫖娼等非法业务。某日0时3分，李某来到足疗会馆，经郑某带领进入足疗间内。随后，李某向高某提出提供性服务的需求，高某遂在收取嫖资后，安排郑某向李某提供性服务。其间，李某出现冒虚汗、呕吐、拉稀等异常情况，但高某及郑某均未询问其身体是否不适。0时50分许，李某从足疗间走至足疗会馆的门厅处并躺在沙发上，郑某在沙发旁放置一垃圾桶并随即离开，李某在沙发处呕吐，持续时间约一分钟，此后再未有任何动作。0时57分，高某给李某按压胸部进行心肺复苏，并多次试图将李某从沙发上拉起。1时整，郑某将王某喊来帮忙。郑某随即离开足疗会馆回家。1时4分，王某及高某在商量后将李某抬出足疗室并放至足疗室西侧电线杆旁。1时9分，王某拨打120急救电话，1时27分，急救医生赶到现场发现李某已无生命体征。经鉴定，李某符合冠状动脉粥样硬化性心脏病发作致呼吸循环衰竭死亡。李某妻子朱某及其子女遂诉至法院，请求判令郑某、高某、王某连带赔偿死亡赔偿金、被扶养人生活费、丧葬费、精神损失费等共计190万余元。

问题描述

民法典明确规定，自然人的生命权、身体权、健康权受到侵害或者处于其他危难情形的，负有法定救助义务的组织或者个人应当及时施救。本案的争议焦点是，高某、郑某、王某是否及时履行了对李某的救助义务，是否应当对李某的死亡承担侵权责任。

裁判情况

本案经过一审、二审。法院经审理认为，本案中，李某的身体出现异常情况后，高某、郑某未及时采取救助措施，未尽到审慎的注意义务，应当承担相应侵权责任。

裁判结论：郑某赔偿朱某等人 27 万余元；高某赔偿朱某等人 18 万余元；驳回朱某等人其他诉讼请求。

释法析理

自然人的生命权、身体权、健康权受到侵害或者处于其他危难情形的，负有法定救助义务的组织或者个人应当及时施救。本案中，李某进入足疗会馆时未见明显异常情况，郑某在与李某进行性行为之后，发现李某存在冒虚汗、呕吐、拉稀等异常情况，有义务也有能力对李某实施一定的救助行为，避免其陷于危险之中。但郑某未尽到审慎的注意义务，仅将李某交由高某处置便一走了之，此种行为并非充分有效，也未达到应有的程度，故郑某应承担相应的侵权责任。高某作为足疗场所的经营者，在发现李某处于昏迷不醒状态后，未及时采取救治措施，违反了安全保障义务，其亦应对李某的死亡承担相应的侵权责任。对于王某是否应担责的问题，朱某等人诉称王某、高某 2 人将李某抬至屋外是导致李某死亡的主要原因，但并未提供充分证据予以证明，且王某并非该足疗店的经营者，亦非引发李某出现不良症状的参与人，故朱某等人要求王某对李某的死亡承担侵权责任依据不足，法院未予采信。在责任分配上，李某生前患有冠状动脉粥样硬化心脏病，其系因冠状动脉粥样硬化性心脏病发作致呼吸循环衰竭死亡。因此，李某的死亡结果主要是由其自身原因造成的，法院确定李某自身承担75%的责任。由于高某与郑某两人中任何一人不救助的行为，均不足以单独造成受害人死亡的结果，故2人应承担按份责任。郑某未实施任何救助行为，不顾李某安危，一走了之，过错程度较大，就损害后果承担15%的责任；高某虽实施了一定的救助行为，但救助不够及时，在李某生死不明的情况下，将李某弃之门外，存在过错，就损害后果承担10%的责任。

相关法条

《中华人民共和国民法典》第一千零五条　自然人的生命权、身体权、健康权受到侵害或者处于其他危难情形的，负有法定救助义务的组织或者个人应当及时施救。

两人结伴游泳一人溺亡另一人应否承担赔偿责任

（第 1005 条）

基本案情

吕某是吕某甲、朱某的独生子，生于 1999 年 12 月 3 日，和洪某是朋友关系。某日下午，因天气炎热，吕某和洪某相约下水游泳，吕某溺水，洪某立即施救并报警，通知吕某家人。吕某死亡之后，双方对于赔偿事宜没有达成一致，遂诉至法院。

问题描述

两人结伴游泳，则双方负有互相照顾、救助的义务。民法典明确规定，自然人的生命权、身体权、健康权受到侵害或者处于其他危难情形的，负有法定救助义务的组织或者个人应当及时施救。本案的争议焦点是，洪某对吕某是否尽到了救助义务，是否应当承担赔偿责任。

裁判情况

本案经过一审、二审。法院经审理认为，洪某因先行行为对吕某负有救助义务，故对于吕某溺亡应承担相应后果。但对于玩水溺亡，吕某自身负有主要责任，且洪某作为同行的完全民事行为能力人，积极施救、报警、联系吕某的家人，尽到了主要的救助义务。

裁判结论：洪某对吕某的死亡承担 20% 的赔偿责任。

释法析理

根据《民法典》第1005条之规定，自然人的生命权、身体权、健康权受到侵害或者处于其他危难情形的，负有法定救助义务的组织或者个人应当及时施救。本案中，溺水事件发生时，吕某已经年满17周岁，虽然不具备完全民事行为能力，但对于在水库游泳的危险性和可能发生的后果应具有充分的预见和认知，在自己从事体育活动时就应该对自身的安全负有高度注意的义务，因此，对于事故的发生负主要责任。吕某、洪某相约下水游玩，达成了下水的合意，由于该先行行为，洪某作为唯一的完全民事行为能力人的同行者，对吕某负有安全保障义务，所以洪某对吕某的溺亡需承担一定的责任，鉴于洪某在这一过程中已积极履行自己的救助义务，法院酌定其承担20%的赔偿责任。

相关法条

《中华人民共和国民法典》第一千零五条 自然人的生命权、身体权、健康权受到侵害或者处于其他危难情形的，负有法定救助义务的组织或者个人应当及时施救。

生前未表示不同意捐献人体器官死亡后谁有权捐献

(第 1006 条)

基本案情

谢某与曾某系夫妻，两人育有一女曾某甲。曾某丙、王某系曾某的父母，曾某乙系曾某之弟。2014 年 10 月 19 日，曾某在某医院抢救无效而死亡。2014 年 10 月 23 日，谢某向曾某乙出具委托书，委托曾某乙处理相关事宜。2014 年 10 月 24 日，曾某丙、王某向曾某乙出具委托书一份，委托曾某乙处理相关事宜。2014 年 10 月 24 日，曾某丙、王某、曾某乙在中国人体器官捐赠登记表上签名确认同意无偿捐赠死者曾某的肝脏、肾脏用于临床医疗、教学和科学研究。上述登记表亲属签名一栏有“谢某”字体。曾某乙表示，登记表是在医院的办公室签的，父母、调解员在场，谢某的签名是其父亲签署的。当日14 时 40 分，某医院实施了器官切取手术。

其后，谢某、曾某甲以某医院违背曾某本人和其近亲属的意愿，对曾某的肝脏和肾脏进行摘除，严重地侵害了曾某身体权，致使谢某、曾某甲在饱受丧夫、丧父之痛的同时还遭受其夫、其父器官被非法摘除的精神痛苦，严重侵害了二人一般人格权，遂诉至法院，请求判令某医院赔偿违法摘除曾某肝脏、肾脏赔偿金 15 万元、精神损害赔偿金 25 万元。

问题描述

完全民事行为能力人有权依法自主决定无偿捐献其人体细胞、人体组织、人体器官、遗体。自然人生前未表示不同意捐献其人体器官，死亡后其配偶、成年子女、父母可以以书面形式共同决定捐献。本案的争议焦点是，某医院在摘取曾某器官的过程中是否存在过错、是否尽到了审查义务。

裁判情况

法院经审理认为，某医院在摘取曾某器官的过程中已尽到了必要的审查义务，不存在过错，并不构成对谢某、曾某甲人格权的侵害，对二人提出要求某医院承担赔偿责任的请求，不予支持。

裁判结论：驳回谢某、曾某甲的诉讼请求。

释法析理

器官捐献包括活体器官捐献和尸体器官捐献。本案的器官摘取是在依法判定尸体器官捐献人即曾某死亡后进行的，属于尸体器官捐献。公民生前未表示不同意捐献其人体器官的，该公民死亡后，其配偶、成年子女、父母可以以书面形式共同表示同意捐献该公民人体器官的意愿。换言之，作为接受人体器官捐献的某医院只需要审查两个内容，一是公民死亡前有无不同意捐献的意思表示，二是死者家属或相关人员有无提交上列人员共同意思表示的书面意见。本案中，因没有证据证实死者生前有作出不同意捐献人体器官的意思表示，那么某医院只需要审查死者家属或相关人员有无提交共同签署的书面意见书。从形式上看，某医院收到的中国人体器官捐献登记表有曾某父母及配偶的签名，某医院的审查义务已完成。向某医院提交中国人体器官捐献登记表的是死者的父母及弟弟，某医院有理由相信中国人体器官捐献登记表上谢某签名的真实性，谢某亦无证据证实被告存在明知原告不知情仍然接受人体器官捐献的情形，即某医院不存在侵权的故意，且法律也没有规定有捐献决定权的死者家属必须到场签署登记表方为有效。

相关法条

《中华人民共和国民法典》第一千零六条 完全民事行为能力人有权依法自主决定无偿捐献其人体细胞、人体组织、人体器官、遗体。任何组织或者个人不得强迫、欺骗、利诱其捐献。

完全民事行为能力人依据前款规定同意捐献的，应当采用书面形式，也可以订立遗嘱。

自然人生前未表示不同意捐献的，该自然人死亡后，其配偶、成年子女、父母可以共同决定捐献，决定捐献应当采用书面形式。

接受肝移植之后死亡的其近亲属能否请求赔偿“肝源费”

（第 1007 条）

基本案情

张某因“慢性肝衰竭，××肝硬化乙型失代偿期，酒精性肝硬化”，于 2013 年 7 月 11 日到某医院进行肝移植。8 月 26 日，张某突发室颤，经抢救无效死亡，死亡原因为多器官功能衰竭，死亡诊断为肝移植术后，急性呼吸循环功能衰竭。经鉴定，医院在对张某的诊疗过程中存在过错，其过错与损害结果之间存在因果关系，过错责任为 30%。张某妻子孙某、女儿张某甲诉至法院，要求判令某医院赔偿 2 人医疗费等 90 万余元，其中包含 18 万元“肝源费”。孙某称，该笔费用系在医院医生安排下以现金方式购买肝源所支付。

问题描述

民法典明确禁止器官买卖的行为。本案的争议焦点是，案涉“肝源费”如何定性，在医院存在过错导致移植手术失败、患者死亡的情况下，近亲属能否要求医院承担赔偿责任。

裁判情况

本案经过一审、二审。法院经审理认为，孙某支出的所谓“肝源费”

系对器官捐献者家属的困难救助费，不属于医疗费用，不应算在医疗费损失项下。

裁判结论：某医院按30%比例承担孙某、张某甲医疗费等37万余元，并支付精神损害抚慰金1.5万元，对其要求某医院赔偿“肝源费”的请求不予支持。

释法析理

人体器官捐献应当遵循自愿、无偿的原则。《中华人民共和国民法典》第1007条规定，禁止以任何形式买卖人体细胞、人体组织、人体器官、遗体。本案中，即使孙某确实给予器官捐献方一定数额现金，但该笔款项性质不能认定为器官买卖费用，也没有进入医院账户，故不属于赔偿范围。

相关法条

《中华人民共和国民法典》第一千零七条 禁止以任何形式买卖人体细胞、人体组织、人体器官、遗体。

违反前款规定的买卖行为无效。

因参与药物临床试验导致身体损害由谁承担赔偿责任

（第 1008 条）

基本案情

2015 年 8 月 25 日，A 制药公司与 B 公司签订授权委托书，A 制药公司授权 B 公司作为本次委托项目的临床试验的代理机构，全权负责组织、实施本委托项目的临床试验，包括与试验相关的一些工作。2015 年 10 月，B 公司与 C 医院签订临床试验协议。A 制药公司为以上临床试验购买了一般责任险。2016 年 8 月 22 日，C 医院与倪某签订知情同意书。倪某于 2016 年 9 月 5 日参加上述药物临床试验，17 周后，倪某于 2016 年 12 月 28 日至同年 12 月 29 日在河北 × × 医院住院治疗，出院诊断为免疫性血小板减少，急性脑梗死。倪某多次找 A 制药公司和 C 医院协商未果，遂诉至法院。

问题描述

本案中，倪某与 C 医院签订了知情同意书，符合民法典对于人体临床试验的伦理审查与知情同意权的规定。该规定明确进行临床试验的，不得向受试者收取试验费用。本案的争议焦点是，受试者在接受临床试验之后身体受到损害，是否可获得赔偿，以及由谁赔偿。

裁判情况

法院经审理认为，本案中，B 公司、C 医院只是受托方，倪某作为受试者，与 A 制药公司形成药物试验合同关系。

裁判结论：A 制药公司向倪某承担相应赔偿责任。

释法析理

本案所涉及的药物试验的申办者为 A 制药公司，虽然知情同意书是 C 医院与倪某签署的，但是从授权委托书、临床试验协议以及知情同意书的内容来看，实际是 A 制药公司委托 C 医院进行药物临床试验，B 公司、C 医院只是受托方，倪某作为受试者，与 A 制药公司形成药物试验合同关系。因此，C 医院不需要对倪某进行赔偿，病发与实施临床试验的医院没有关系。

根据《药物临床试验质量管理规范》第 43 条，申办者应对参加临床试验的受试者提供保险，对于发生试验相关的损害或死亡的受试者承担治疗的费用及相应的经济补偿。申办者应向研究者提供法律上与经济上的担保，但由于医疗事故所致者除外。由此更确定了本案中 A 制药公司的赔偿责任。

相关法条

1.《中华人民共和国民法典》第一千零八条 为研制新药、医疗器械或者发展新的预防和治疗方法，需要进行临床试验的，应当依法经相关主管部门批准并经伦理委员会审查同意，向受试者或者受试者的监护人告知试验目的、用途和可能产生的风险等详细情况，并经其书面同意。

进行临床试验的，不得向受试者收取试验费用。

2. **《药物临床试验质量管理规范》第四十三条** 申办者应对参加临床试验的受试者提供保险，对于发生试验相关的损害或死亡的受试者承担治疗的费用及相应的经济补偿。申办者应向研究者提供法律上与经济上的担保，但由于医疗事故所致者除外。

什么样的行为可认定为性骚扰

（第 1010 条）

基本案情

赵某与金某退休后均在一广场跳舞，因此相识。金某为听力残疾人。起初双方时常结对跳舞，并无矛盾发生。自某月起，双方为结对跳舞之事发生争执，金某要求赵某除了和其跳舞之外，不同意赵某和他人跳舞，赵某未答应金某的要求，故金某在赵某与他人跳舞时，常采取做哑语手势、私自拍照等方法，影响赵某与他人之间的正常交往，时间长达数月。赵某于是寻求报警解决，在派出所金某虽对警方做了保证，但事后仍继续对原告实施前述行为。赵某再次报案。其后，赵某诉至法院，要求法院阻止被告对原告的性骚扰，并赔偿原告精神伤害费及名誉损失费 10 万元。

问题描述

民法典明确规定对他人实施性骚扰的，被侵害人有权要求行为人承担相应的民事责任。但实践中，什么样的行为可以认定为性骚扰，要结合具体案情分析。本案的争议焦点是，金某的行为是否构成性骚扰。

裁判情况

法院经审理认为，金某对赵某实施的仅是一般骚扰行为，并非性骚扰，故赵某以金某对其实施性骚扰为由要求法院予以制止的诉讼请求，无事实依据；赵某要求金某赔偿精神伤害费及名誉损失费10万元，但未提供任何证据予以佐证。

裁判结论：驳回赵某诉讼请求。

释法析理

性骚扰，是指以性欲为出发点的骚扰，以带性暗示的言语动作，或者宗教仪式针对被骚扰对象，通常是加害者肢体碰触受害者性别特征部位，妨碍受害者行为自由并引发受害者抗拒反应。性骚扰的表现形式主要有：口头方式，如以下流语言挑逗对方，向其讲述个人的性经历、黄色笑话或色情文艺内容；行为方式，故意触摸、碰撞、亲吻对方脸部、乳房、腿部、臀部、阴部等性敏感部位；设置环境方式，即在工作场所周围布置淫秽图片、广告等，使对方感到难堪。

本案中，赵某、金某因同在广场跳舞相识，起初双方关系尚好，后双方关系交恶，不论是赵某所述的因金某不允许其和他人跳舞而发生争议，还是金某所述因借款、索要教舞费发生争执，双方均应心平气和解决。由于金某采取的行为不当，加之系聋哑人，无法采用言语与赵某进行更多交流沟通，引发赵某报警和诉讼。金某因自身缺陷，无法以口头方式实施挑逗，即便在其发给赵某的短信中，也没有用下流的言语进行挑逗；赵某没有陈述金某有故意触摸、碰撞、亲吻其性敏感部位的行为；金某也没有在双方共同的活动场所中布置淫秽图片等而使赵某感到难堪。金某的行为虽对赵某的生活、交友等造成了一定影响，但并不能认定为性骚扰，赵某据此要求金某承担侵权责任无法得到支持。

相关法条

《中华人民共和国民法典》第一千零一十条第一款 违背他人意愿，以言语、文字、图像、肢体行为等方式对他人实施性骚扰的，受害人有权依法请求行为人承担民事责任。

公司名称中能否使用他人公司字号

（第 1013 条）

基本案情

2015 年 12 月，京都狗不理麻花店接到消费者投诉称，某省荷叶狗不理餐饮公司、某市某区荷叶狗不理麻花店仿冒“狗不理麻花店”，并且公然在店内张贴“吃麻花到狗不理”等方式宣传推广。某市某区荷叶狗不理麻花店是某省荷叶狗不理餐饮公司的加盟店，在其餐馆门头使用“狗不理”，其餐盘、碗等餐具产品上也使用了“狗不理”。某省荷叶狗不理餐饮公司在某市授权某区王某强快餐店、某区华天餐饮店等多家店铺加盟经营“荷业狗不理麻花店”。

京都狗不理麻花店认为：某省荷叶狗不理餐饮公司注册使用带有“狗不理”字样的企业名称，某市某区荷叶狗不理麻花店注册使用带有“狗不理麻花店”字样的字号名称，侵犯了其已注册驰名商标权及未注册驰名商标权，同时构成不正当竞争；某省荷叶狗不理餐饮公司、某市某区荷叶狗不理麻花店在餐饮等服务上使用“狗不理麻花店”，侵犯了其“狗不理麻花店”未注册驰名商标权和第 898×××号已注册驰名商标权；某区王某强快餐店、某区华天餐饮店等在餐盘、碗等餐具产品上使用“荷叶狗不理麻花店”，在包装袋、名片上使用“荷叶狗不理麻花店”，侵犯了其已注册驰名商标权，遂向法院提起民事诉讼。

问题描述

民法典明确规定，任何组织或者个人不得以干涉、盗用、假冒等方式侵害公司的名称权。本案的争议焦点是：荷叶狗不理麻花店在其经营场所及网络宣传中使用“荷叶狗不理”文字的行为是否侵害原告京都狗不理麻花店的涉案注册商标专用权、公司名称权；荷叶狗不理公司将“荷叶狗不理”文字作为其企业字号注册并使用的行为，是否构成不正当竞争。

裁判情况

本案经过一审、二审和再审。法院经审理认为，某省荷叶狗不理餐饮公司、某市某区荷叶狗不理麻花店在未取得京都狗不理麻花店许可的情况下，擅自使用其企业名称中“狗不理”的字号，并造成一定程度的经济损失，构成侵权，应承担相应的民事责任。

裁判结论：被告某市某区荷叶狗不理麻花店于本判决生效之日起立即停止侵害原告京都狗不理麻花店注册商标专用权的行为；被告某省荷叶狗不理餐饮公司、某市某区荷叶狗不理麻花店于本判决生效之日起立即停止在其企业名称中使用“狗不理”字号的不正当竞争行为；被告某省荷叶狗不理餐饮公司、某市某区荷叶狗不理麻花店于本判决生效之日起10日内赔偿原告京都狗不理麻花店经济损失及合理费用5万元；驳回原告京都狗不理麻花店的其他诉讼请求。

释法析理

法人、非法人组织享有名称权，有权依法决定、使用、变更、转让或者许可他人使用自己的名称。在未取得法人、非法人许可的情况下，不得以干涉、盗用、假冒等方式侵害法人、非法人的名称权。本案中，某省荷叶狗不理餐饮公司、某市某区荷叶狗不理麻花店在未取得京都狗不理麻花店许可的情况下，擅自使用其企业名称中“狗不理”字号，侵害了其名称权并造成一定程度的经济损失，某省荷叶狗不理餐饮公司、某市某区荷叶狗不理麻花店应承担相应的民事责任。

相关法条

1.《中华人民共和国民法典》第一千零一十三条 法人、非法人组织享有名称权，有权依法决定、使用、变更、转让或者许可他人使用自己的名称。

2.《中华人民共和国民法典》第一千零一十四条 任何组织或者个人不得以干涉、盗用、假冒等方式侵害他人的姓名权或者名称权。

被他人冒用姓名注册公司的如何维权

（第 1014 条）

基本案情

陈某某在 2013 年 9 月被盗居民身份证，同年 10 月，陈某某补办了居民身份证。2018 年 10 月 11 日，陈某某收到了××工商行政管理局的询问通知书，于是陈某某才发现杨某某曾经冒用自己的姓名办理登记了××机械设备有限公司。后陈某某将冒用其姓名的杨某某诉至法院。

原告陈某某提供了某某机械设备有限公司的董事、监事、经理信息，附有原告陈某某的居民身份证复印件，该居民身份证旁加盖的印章中载明“此材料由我单位提供，与原件相符，如有虚假，愿承担一切法律责任”。声明人处签署了被告杨某某的姓名，落款日期为 2017 年 9 月 5 日。原告陈某某为此申请某某司法鉴定所对 2017 年 8 月 28 日的某某机械设备有限公司章程以及某某机械设备有限公司董事、监事、经理、法定代表人任职证明中的“陈某某”签名笔迹与提供样本上“陈某某”签名笔迹是否同一人书写进行鉴定。2018 年 11 月 19 日，某某司法鉴定所出具了文书司法鉴定意见书，结论是上述送检材料中的“陈某某”签名笔迹与提供样本上“陈某某”签名笔迹不是同一人书写。

问题描述

民法典明确对公民的姓名权予以保护，任何组织或者个人不得干涉、盗用、冒用。本案的争议焦点是，在被冒用姓名的人不知情的情况下，侵权人以被冒用人的名义注册了公司，那么被冒用人该如何维护自己的合法权益。

裁判情况

法院经审理认为，根据法律规定，自然人享有生命权、身体权、健康权、姓名权、肖像权、荣誉权、隐私权、婚姻自主权等权利。被告杨某某在办理设立登记某某机械设备有限公司中冒用原告的身份信息取得公司登记，该行为构成对原告陈某某姓名权的侵犯。对原告因姓名被冒用造成的损失应承担赔偿责任。

裁判结论：判决被告杨某某向原告陈某某赔偿损失 3500 元；驳回原告陈某某的其他诉讼请求。

释法析理

姓名权是公民依法享有的决定、使用、改变自己姓名的权利，作为自然人的人格权利之一，受到法律的保护。实践中，如果遇到自己的姓名被冒名登记的，有以下几种解决办法：一是在取得相关证据后，先向公安机关报案，如果侵权人的行为造成被冒用人经济损失或者危害社会公共利益的，侵权人就可能涉嫌犯罪，可以由公安机关依法进行侦查。二是向工商行政管理部门投诉，要求工商部门撤销行政许可，吊销该公司的登记。三是以工商部门给予公司登记的行政行为违法，损害被侵权人合法权益为由，对工商部门提起行政诉讼，要求工商部门撤销公司登记行政许可。四是以实际侵权人即投资人、注册代理机构、被注册的公司为被告提起民事诉讼，要求停止侵权、消除影响、赔偿损失。

相关法条

《中华人民共和国民法典》第一千零一十四条 任何组织或者个人不得以干涉、盗用、假冒等方式侵害他人的姓名权或者名称权。

父母可否为子女创设姓氏

（第 1015 条）

基本案情

2009 年 1 月 25 日，吕某峰妻子张某峥在济南某某医院产下一女，两人共同决定为女儿取名为“北雁云依”（“北雁”是姓，“云依”是名）。吕某峰夫妻认为“北雁云依”四字取自四首著名的中国古典诗词，寓意父母对女儿的美好祝愿，并办理了出生证明和计划生育服务手册新生儿落户备查登记。2009 年 2 月，吕某峰到某派出所为女儿办理户口登记，某派出所认为孩子姓氏必须随父姓或母姓，即姓“吕”或姓“张”，其要求登记的姓名“北雁云依”不符合办理户口登记的条件，遂作出拒绝以“北雁云依”为姓名办理户口登记。吕某峰认为某派出所的具体行政行为侵犯其女儿合法权益，于 2009 年 12 月 17 日以被监护人“北雁云依”的名义向法院提起行政诉讼。

问题描述

自然人享有姓名权，但不得违背公序良俗。民法典明确规定，自然人应当随父姓或者母姓，但是有下列情形之一的，可以在父姓和母姓之外选取姓氏：“（一）选取其他直系长辈血亲的姓氏；（二）因由法定扶养人以外的人扶养而选取扶养人姓氏；（三）有不违背公序良俗的其他正当理由。”本案的争议焦点是，父亲姓“吕”，母亲姓“张”，女儿取名为“北雁云依”，是否符合“有不违背公序良俗的其他正当理由”这一条款的规定。

裁判情况

本案经法院审理认为，“北雁云依”的父母自创姓氏的做法，违背了公序良俗，且仅凭个人喜好和愿望创设姓氏，具有明显的随意性，不符合法律规定的正当理由。

裁判结论：驳回原告要求确认被告某派出所拒绝以“北雁云依”为姓名办理户口登记行为违法的诉讼请求。

释法析理

公民选取姓氏应符合公序良俗，随父母姓符合中华传统文化。在中华传统文化中，“姓名”中的“姓”，即姓氏，主要来源于客观上的承袭，系先祖所传，承载了对先祖的敬重、对家庭的热爱等，体现着血缘传承、伦理秩序和文化传统，是中华民族向心力、凝聚力的载体和镜像。如果任由公民仅凭个人意愿喜好，随意选取姓氏甚至自创姓氏，则会造成对文化传统和伦理观念的冲击，违背社会善良风俗和一般道德要求。

从社会管理和发展的角度，子女承袭父母姓氏有利于提高社会管理效率，便于管理机关和其他社会成员对姓氏使用人的主要社会关系进行初步判断。倘若允许随意选取姓氏甚至恣意创造姓氏，极易使社会管理出现混乱，增加社会管理的风险性和不确定性。

公民行使姓名权属于民事活动，应当尊重社会公德，不得损害社会公共利益。通常情况下，在父姓和母姓之外选取姓氏的行为，主要存在于实际抚养关系发生变动、有利于未成年人身心健康、维护个人人格尊严等情形。本案中，原告“北雁云依”的父母自创“北雁”为姓氏，仅是寓意父母对女儿的美好祝愿，此理由具有明显的随意性，不属于符合法律规定的情形。

相关法条

《中华人民共和国民法典》第一千零一十五条 自然人应当随父姓或者母姓，但是有下列情形之一的，可以在父姓和母姓之外选取姓氏：

（一）选取其他直系长辈血亲的姓氏；

（二）因由法定扶养人以外的人扶养而选取扶养人姓氏；

（三）有不违背公序良俗的其他正当理由。

少数民族自然人的姓氏可以遵从本民族的文化传统和风俗习惯。

合同履行中一方公司名称发生变化的如何确定适格民事主体

（第 1016 条）

基本案情

2012 年 3 月 9 日，C 公司与 A 公司公司签订一份工程施工合同，由 C 公司承包 A 公司某商业中心的建设工程。合同签订后，C 公司向 A 公司交纳工程定金 230 万元，之后 A 公司书面通知 C 公司进场施工，C 公司按照通知书要求组织施工人员、机械设备及部分材料进入施工现场，做好了开工准备。2012 年 9 月，A 公司向 C 公司发出解除合同通知书，但直至起诉之日，A 公司公司都未退还工程定金给 C 公司。在多次索要未果的情况下，C 公司将 B 公司（2013 年 6 月 27 日，A 公司将名称变更为 B 公司）起诉至法院。

问题描述

合同的签订是目前市场交易中较为普遍的一种方式，也是营造良好、诚信市场交易环境的一剂良药。原因在于合同履行过程中，合同双方中的任何一方都不能无故不履行或者逾期履行合同义务。故在合同履行过程中，仅仅因为合同主体的一方或双方进行了姓名或名称的变更，并不影响合同的继续履行，亦不能免除合同主体应履行的义务。本案的争议焦点是，当合同一方 A 在合同履行过程中将其名称变更为 B 时，合同相对方 C 能否以 B 为被告要求其退还工程定金，B 是否有义务退还工程定金给 C。

裁判情况

本案经法院审理认为，C 公司与 A 公司公司签订的工程施工合同未违反法律规定，其效力可予以确认。该合同生效后，A 公司于 2013 年 6 月 27 日变更名称为 B 公司，依据原《中华人民共和国合同法》第 76 条之规定，当事人名称变动对合同的履行不构成影响，故 B 公司系上述合同义务履行方，可以作为本案被告，主体适格，应当退还工程定金给 C 公司。

裁判结论：B 公司返还 C 公司工程定金 230 万元。

释法析理

合同生效后，当事人应当按照诚实信用原则全面履行合同义务，不能因为自己姓名或者名称的变更而不履行合同义务。原因之一即在于姓名与名称的变更在现今并非一件难事，只要符合法定条件按照法定程序就能够进行变更。在现实生活中，自然人更改姓名、法人更改名称的情况较为常见，倘若仅仅因为变更了姓名或名称，相关合同主体就能够以此为由拒绝履行合同义务，那么对于合同的另一方而言是极为不公平的，也极易导致市场交易秩序的混乱。《中华人民共和国民法典》第 1016 条第 2 款规定，民事主体变更姓名、名称的，变更前实施的民事法律行为对其具有法律约束力。第 532 条规定，合同生效后，当事人不得因为姓名、名称的变更或者法定代表人、负责人、承办人的变动而不履行合同义务。合同虽具有相对性，但该两项规定与合同相对性并不矛盾，且恰恰是合同相对性的具体体现之一。因此，民事主体变更姓名、名称的，其仍需要为其变更前所实施的民事法律行为承担相应责任。

相关法条

《中华人民共和国民法典》第一千零一十六条第二款 民事主体变更姓名、名称的，变更前实施的民事法律行为对其具有法律约束力。

使用与他人近似的艺名是否构成侵权

(第 1017 条)

基本案情

2005 年歌手胡杨琳以"胡杨林"为艺名推出网络歌曲《香水有毒》，并自此成名。2006 年至 2009 年，其作为太格印象公司的签约歌手，以"胡杨林"为艺名进行了多种演艺、宣传活动。2009 年 11 月 18 日双方解除演艺经纪合同。

2013 年 4 月，桂某以新人身份签约加盟太格印象公司，北京太格印象文化传播有限公司注册了"胡扬琳"文字商标，服务类别为组织表演(演出)、录像带发行、电视文娱节目等，并将该商标授权桂某作为艺名使用。

2013 年 7 月 10 日，太格印象公司在其官网、法定代表人赵某新浪微博中发布了题为"太格印象公司特发声明，'胡扬琳'接棒《香水有毒》"的帖子，称已与歌手"胡杨林"（胡杨琳）解约多年，决定收回《香水有毒》等 31 首歌曲演唱权，并授权新签约歌手桂某（艺名"胡扬琳"）演唱，为《香水有毒》等歌曲唯一合法演唱权人。2015 年 5 月，歌手胡杨琳（艺名胡杨林）以不正当竞争为由，将太格印象公司及桂某诉至法院，要求立即停止不正当竞争行为、赔礼道歉并索赔损失 213 万余元。

问题描述

个人取名字可以相同，取艺名能不能和他人相同呢？民法典明确规定，具有一定社会知名度，被他人使用足以造成公众混淆的笔名、艺名、网名、译名、字号、姓名和名称的简称等，参照适用姓名权和名称权保护的有关规定。任何组织或者个人不得以干涉、盗用、假冒等方式侵害他人的姓名权或者名称权。本案的争议焦点是，艺名是否具有独享性。

裁判情况

本案经过一审、二审。法院经审理认为，太格印象公司、桂某使用与他人相同艺名构成不正当竞争。

裁判结论：桂某不得使用艺名“胡扬琳”进行演艺活动，删除其个人主页、太格印象官网、公司法定代表人新浪微博关于“胡扬琳”的宣传内容及“声明”，公开赔礼道歉并赔偿23.3万余元。

释法析理

艺名是指演艺人士对外进行演出活动、制作唱片、MTV等音乐产品时的称号，不同于传统意义上的姓名。艺名具有典型的个人色彩，本身凝结着演艺人士个人的艺术魅力和社会影响力，以及艺术事业成功后带来的经济价值。因此，艺名具有独享性和财产性，具有人格和财产双重属性。艺名权是姓名权的一种，属于人格权，具有独享性，同时，艺名具有识别商品及服务来源的作用，属于商业标识，具有财产性，受反不正当竞争法保护。本案中，太格印象公司、桂某使用与他人相似且会造成公众混淆的艺名属于侵权行为，应当承担民事责任。

相关法条

1.《中华人民共和国民法典》第一千零一十四条　任何组织或者个人不得以干涉、盗用、假冒等方式侵害他人的姓名权或者名称权。

2.《中华人民共和国民法典》第一千零一十七条　具有一定社会知名度，被他人使用足以造成公众混淆的笔名、艺名、网名、译名、字号、姓名和名称的简称等，参照适用姓名权和名称权保护的有关规定。

3.《中华人民共和国反不正当竞争法》第六条第二项　经营者不得实施下列混淆行为，引人误认为是他人商品或者与他人存在特定联系：

（二）擅自使用他人有一定影响的企业名称（包括简称、字号等）、社会组织名称（包括简称等）、姓名（包括笔名、艺名、译名等）。

4.《中华人民共和国反不正当竞争法》第十七条第一款　经营者违反本法规定，给他人造成损害的，应当依法承担民事责任。

使用影视作品中的人物形象是否会构成侵权

（第 1018 条、第 1019 条、第 1024 条）

基本案情

章某某系 20 世纪 80 年代央视电视剧《西游记》中“孙悟空”形象的扮演者，艺名“六小龄童”。在一定时期，章某某的艺名及其扮演的“孙悟空”形象可谓家喻户晓。

2009 年 7 月，章某某发现在某公司推出的网络游戏“西游记”中，使用了其塑造的“孙悟空”形象，认为该行为侵犯了其肖像权；同时，其认为该“西游记”游戏内容低俗，导致公众误以为是其为自己的网络游戏进行代言，致使其社会评价降低，对名誉权造成了侵害，遂诉至法院，请求判令某公司停止使用章某某塑造的“孙悟空”形象并书面公开赔礼道歉，赔偿损失 100 万元及支出的公证费 2000 元。

问题描述

民法典明确规定，肖像是通过影像、雕塑、绘画等方式在一定载体上所反映的特定自然人可以被识别的外部形象。未经肖像权人同意，不得使用肖像权人的肖像。同时规定，民事主体享有名誉权。任何组织或者个人不得以侮辱、诽谤等方式侵害他人的名誉权。本案的争议焦点是，某公司使用“孙悟空”形象的行为是否构成对章某某肖像权、名誉权的侵犯。

裁判情况

本案经过一审、二审。法院经审理认为，某公司使用的“孙悟空”形象并不能直接反映章某某的相貌特征，故不构成侵犯章某某的肖像权；同时，某公司也不存在侵犯章某某名誉权的事实。

裁判结论：驳回章某某的诉讼请求。

释法析理

肖像权是公民对在自己的肖像上体现的精神利益和物质利益所享有的人格权。自然人享有肖像权，有权依法制作、使用、公开或者许可他人使用自己的肖像。当某一形象能够充分反映出个人的体貌特征，公众通过该形象直接能够与该个人建立一一对应的关系时，该形象所体现的尊严以及价值，就是该自然人肖像权所蕴含的人格利益。本案中，关于章某某饰演的“孙悟空”形象是否应当受章某某肖像权的保护问题，虽然“孙悟空”形象是基于古典文学作品所创作，并进行了艺术化处理，但是该形象与章某某个人的五官特征、轮廓、面部表情密不可分，具有一一对应的关系，因此，对该形象的保护应该属于肖像权保护的范围。但是，本案中，某公司在其开发的游戏中使用的“孙悟空”形象，与章某某饰演的“孙悟空”形象相比，两者存在一定的差异：某公司所使用的“孙悟空”的眼睛比章某某饰演的“孙悟空”的眼睛细长，章某某饰演的“孙悟空”的眼睛明亮而圆润，充满了聪明机智；某公司所使用的“孙悟空”的鼻子比章某某饰演的“孙悟空”挺拔、高耸，某公司所使用的“孙悟空”的整个脸型比章某某饰演的“孙悟空”狭长。恰恰这些差异，在同样的观众范围内，立即能够分辨出某公司所使用的“孙悟空”不是章某某饰演的“孙悟空”，更不能通过该形象与章某某建立直接的联系。因此，不能认定章某某肖像权受到侵犯。关于某公司是否侵害章某某名誉权的问题。公民的名誉权是个人就其品行、德行、名声、信用等社会评价享有的权利。如果每个社会成员都能珍视自己的名誉，那么就会对维护社会的从善发展产生积极意义。名誉权遭受侵犯与名誉情感受到打击具有本质的区别。名誉情感是自然人对其名声、信用等价值的自我评价。章某某主张由于使用了其饰演的“孙悟空”形象导致社会误认为其进行代言，可能会在一定范围内造成不良影响，属于名誉情感的范畴，不能作为独立的侵权行为认定。如果在认定侵害肖像权成立的前提下，权利人可以据此作为确定损害赔偿额因素之一，而不能脱离侵权行为，以主观的感受作为社会评价降低的事实，进而主张名誉权受到侵犯。

相关法条

1. **《中华人民共和国民法典》第一千零一十八条** 自然人享有肖像权，有权依法制作、使用、公开或者许可他人使用自己的肖像。

肖像是通过影像、雕塑、绘画等方式在一定载体上所反映的特定自然人可以被识别的外部形象。

2. **《中华人民共和国民法典》第一千零一十九条** 任何组织或者个人不得以丑化、污损，或者利用信息技术手段伪造等方式侵害他人的肖像权。未经肖像权人同意，不得制作、使用、公开肖像权人的肖像，但是法律另有规定的除外。

未经肖像权人同意，肖像作品权利人不得以发表、复制、发行、出租、展览等方式使用或者公开肖像权人的肖像。

3. **《中华人民共和国民法典》第一千零二十四条第一款** 民事主体享有名誉权。任何组织或者个人不得以侮辱、诽谤等方式侵害他人的名誉权。

在官网中使用集体照片是否会侵犯个人肖像权

(第 1018 条、第 1019 条)

基本案情

陈某于 2008 年 1 月 24 日至 2014 年 5 月 29 日在某律所担任执业律师，2010 年 4 月 30 日入伙，2013 年 12 月 16 日退伙，2014 年 5 月 29 日被除名，后执业状态变更为注销。

陈某在某律所处工作期间曾与某律所其他工作人员拍摄数张合影照片并被置于某律所官网。2018 年，陈某以某律所未经其同意将其肖像用于律所对外广告宣传，侵犯其肖像权为由，诉至法院，请求判令某律所立即停止侵害，排除妨害，赔礼道歉，并赔偿人民币若干。

问题描述

自然人的肖像权受法律保护。民法典明确规定，自然人享有肖像权，有权依法制作、使用、公开或者许可他人使用自己的肖像。本案的争议焦点是，某律所未经陈某许可，使用包含陈某在内集体合影照片的行为是否构成对陈某肖像权的侵害。

裁判情况

本案经过一审和二审。法院经审理认为，陈某在职期间，某律所在其网站上对集体照的使用符合集体照拍摄的目的，且陈某未对照片的使用提出异议，照片的使用并无不当。陈某离职后，某律所对陈某提出照片使用不当的问题，已经及时作出反应，关闭网站，故不存在损害事实，并未侵犯陈某肖像权。

裁判结论：驳回陈某诉讼请求。

释法析理

根据民法典有关规定，肖像权属于特定自然人所有，没有确立集体肖像权。所谓集体肖像权，并不是一种单独的权利，而是两个以上自然人分别享有肖像权的集合，但相对于个人照片而言，个人的肖像权在集体照中，其权利行使受到一定的限制。集体照片的使用，应符合集体照的拍摄目的。某一成员对集体照使用提出异议的，拍摄成员各方应进行协商沟通，如异议合理成立，则应阻却使用。

本案中，陈某在某律所执业并担任合伙人期间，与多名同事在办公场所拍摄集体工作场景照用于律所网站宣传，其形象是正面的，宣传目的符合律所和陈某个人的利益，陈某在职期间亦未表示不同意网站使用照片，故律所网站使用包括陈某形象在内的集体照并无不当，在网站上发布符合拍摄目的的涉案集体照片，应视为获得了被拍摄者的集体授权，该发布行为不当然因为被拍摄者之一的陈某之后退伙、被除名则转为违法行为。现随着情势的变更，部分照片成员已经离职，陈某认为不应再使用包括其人物形象在内的集体照片，可以向该律所提出收回授权，协商撤回照片或者在照片下备注。如该律所对陈某的异议置之不理，则应视为在无授权的情况径行使用他人肖像。本案中，在陈某提出使用照片不当后，该律所及时作出反应，于本案立案前关闭网站，已不存在损害的事实，故陈某主张肖像权被侵犯，没有事实和法律依据。

相关法条

1.《中华人民共和国民法典》第一千零一十八条 自然人享有肖像权，有权依法制作、使用、公开或者许可他人使用自己的肖像。

肖像是通过影像、雕塑、绘画等方式在一定载体上所反映的特定自然人可以被识别的外部形象。

2.《中华人民共和国民法典》第一千零一十九条 任何组织或者个人不得以丑化、污损，或者利用信息技术手段伪造等方式侵害他人的肖像权。未经肖像权人同意，不得制作、使用、公开肖像权人的肖像，但是法律另有规定的除外。

未经肖像权人同意，肖像作品权利人不得以发表、复制、发行、出租、展览等方式使用或者公开肖像权人的肖像。

未经许可使用他人面部局部器官照片是否构成侵害肖像权

（第 1018 条、第 1019 条）

基本案情

叶某曾在某医院就脸部先天青黑色斑痕进行治疗，效果良好。某日，其发现某出版社出版发行的一册旅游图刊登由某广告公司经营的某医院的广告，该广告使用了叶某治疗脸部斑痕前后的照片作为病案。后经查询，该旅游图已经十几次刊登这张照片，每次印数高达 50 万份。故请求法院判令某医院、某出版社和某广告公司立即停止侵害、消除影响、赔礼道歉，并向其赔偿损失。

问题描述

民法典明确规定，肖像是通过影像、雕塑、绘画等方式在一定载体上所反映的特定自然人可以被识别的外部形象。同时规定，未经肖像权人同意，不得制作、使用、公开肖像权人的肖像。本案的争议焦点是，某医院、某出版社和某广告公司使用案涉照片的行为是否构成对叶某肖像权的侵害。

裁判情况

本案经过一审、二审。法院经审理认为，案涉旅游图上刊登的自然人面部局部器官照片不能体现该自然人的外貌视觉形象，本身不构成肖像。叶某据此主张保护肖像权理由不能成立。

裁判结论：驳回叶某诉讼请求。

释法析理

肖像的特征，除肖像与原形人在客观上相互独立成为能让人力支配的物品外，就是具有完整清晰、直观可辨的形象再现性或称形象标识性。这里所说的形象，是指原形人相貌综合特征给他人形成的，能引起一般人产生与原形人有关的思想或感情活动的视觉效果。画像、照片等载体如果其内容不能再现原形人的相貌综合特征，不能引起一般人产生与原形人有关的思想或感情活动，一般人不能凭直观清晰辨认该内容就是某一自然人的形象，这样的载体不能称为肖像。如果载体所表现的内容只有凭借高科技技术手段进行对比才能确定这是某一自然人特有的一部分形象而非该自然人清晰完整的形象，一般人不能凭直观清晰辨认载体所表现的内容就是该自然人，则这一载体也不能称为该自然人的肖像。该自然人只是载体所表现内容的原形人而不是肖像人。由于这样的载体所表现的内容不构成肖像，原形人也就对这一内容不享有肖像权。本案中，叶某所诉的照片只有脸上的鼻子和嘴部分，不是完整的特定人形象，不能反映特定人相貌的综合特征，不能引起一般人产生与特定人有关的思想或感情活动，因此不是法律意义上的肖像，叶某据此照片主张保护肖像权的理由不能成立。

相关法条

1.《中华人民共和国民法典》第一千零一十八条 自然人享有肖像权，有权依法制作、使用、公开或者许可他人使用自己的肖像。

肖像是通过影像、雕塑、绘画等方式在一定载体上所反映的特定自然人可以被识别的外部形象。

2.《中华人民共和国民法典》第一千零一十九条第一款 任何组织或者个人不得以丑化、污损，或者利用信息技术手段伪造等方式侵害他人的肖像权。未经肖像权人同意，不得制作、使用、公开肖像权人的肖像，但是法律另有规定的除外。

随意使用他人微信朋友圈照片是否构成侵权

（第1018条、第1019条）

基本案情

陈某某系从事某品牌女装销售活动的个体经营者。因经营需要，陈某某作为模特穿着其自行销售的品牌服装通过自拍、互拍的方式，不定时在个人微信朋友圈发布载有其自身肖像的照片，以便在微信上同步销售店内女装。解某在淘宝网开设个人淘宝店铺，主要从事女装销售经营活动。解某在其销售的商品网页中使用了陈某某作为模特穿着展示服装的照片，共计89张，前述照片均能清晰展现陈某某的容貌、姿态、表情等个人主要特征。陈某某认为，解某的行为系对其肖像权的侵害，遂诉至法院。诉讼中，据解某陈述，其与陈某某存在分销关系，解某在淘宝店铺中销售的某品牌女装系通过微信从陈某某处购买所得，案涉的照片也从陈某某微信朋友圈发布的照片中获得。

问题描述

肖像权是自然人的基本人格权，是一种具有绝对属性的专有权利，其专有性意味着肖像权人有权禁止他人非法使用自己的肖像，任何未经本人同意而使用肖像权人肖像，都是对肖像使用专有权的侵害。本案的争议焦点是：解某在经营的淘宝店铺使用带有陈某某肖像的图片，是否构成对陈某某肖像权的侵害；若解某行为构成侵权，应承担何种侵权责任。

裁判情况

本案经过一审和二审。二审法院认为，肖像权属于自然人的人格权，具有绝对的排他性，任何人未经本人同意，不得擅自使用他人肖像，擅自使用的，将构成对他人肖像权的侵害。微信朋友圈非法外之地，亦应受到法律的约束。陈某某通过微信朋友圈发布照片，系其对其照片在一定范围内的公开，但该种公开行为并不等同于同意解某使用上述照片营利。解某未经陈某某同意，擅自以营利为目的在其淘宝店铺内使用陈某某的肖像照片，已经构成对陈某某肖像权的侵害，至于解某对照片的使用是否侵害照片拍摄者的著作权，并不影响其构成对陈某某肖像权侵权的认定。

裁判结论：解某于判决生效之日立即停止侵权，删除本人所经营淘宝店铺中发布的载有陈某某肖像的图片；解某于判决生效之日起 10 日内在本人经营的淘宝店铺首页发布向陈某某的赔礼道歉声明，刊载时间不得少于 15 日，若不履行前述判决义务，原审法院将判决书主要内容刊登至全国发行的报刊，费用由解某负担；解某于判决生效之日起 10 日内赔偿陈某某财产损失（含维权合理支出费用）共计 6000 元。

释法析理

根据《中华人民共和国民法典》第 1018 条、第 1019 条之规定，肖像是通过影像、雕塑、绘画等方式在一定载体上所反映的特定自然人可以被识别的外部形象。自然人享有肖像权，有权依法制作、使用、公开或者许可他人使用自己的肖像。未经肖像权人同意，不得制作、使用、公开肖像权人的肖像，但是法律另有规定的除外。值得注意的是，民法典删除了原《民法通则》中有关“以营利为目的的表述”，因此，未经肖像权人同意的非营利性行为，如偷拍、擅自公开他人肖像等也可能构成侵权。

相关法条

1.《中华人民共和国民法典》第一千零一十八条 自然人享有肖像权，有权依法制作、使用、公开或者许可他人使用自己的肖像。

肖像是通过影像、雕塑、绘画等方式在一定载体上所反映的特定自然人可以被识别的外部形象。

2.《中华人民共和国民法典》第一千零一十九条 任何组织或者个人不得以丑化、污损，或者利用信息技术手段伪造等方式侵害他人的肖像权。未经肖像权人同意，不得制作、使用、公开肖像权人的肖像，但是法律另有规定的除外。

未经肖像权人同意，肖像作品权利人不得以发表、复制、发行、出租、展览等方式使用或者公开肖像权人的肖像。

未经同意在新闻报道中使用他人肖像是否构成侵害肖像权

（第 1018 条、第 1020 条）

基本案情

某新闻中心系依法登记的事业单位法人，为“某某网”的主办单位。2016 年 1 月 22 日 12 时，“某某网”一栏目发表题为《××银行票据案件：××爆发票据窝案 38 亿无法兑付》的网文。该网文主要内容为据某网记者获悉，某银行分行 2 名员工因涉嫌非法套取 38 亿元票据已被立案调查等。该网文中配有图片 1 张，主要内容为一着制服女性正面照，图片下方小字体标注有网文题目。经对比，该配图内容与 2013 年 4 月 23 日《××日报》中一篇宣传某银行支行大堂经理张某先进事迹一文中的配图完全一致。上述网文所有内容中未见对张某姓名、身份等个人信息的记载。张某认为“某某网”侵害其肖像权，遂诉至法院，请求判令某新闻中心消除影响，赔礼道歉，并赔偿经济损失、精神损害抚慰金等若干。

庭审中，张某还出示《参考消息》《中国城乡金融报》报纸版面证明涉诉网文中的涉诉配图系其本人，在其工作单位具有良好的声誉及知名度。某新闻中心认可涉诉网文中涉诉配图人物系张某本人。

问题描述

民法典明确规定，为实施新闻报道，不可避免地制作、使用、公开肖像权人的肖像并合理使用的，可以不经肖像权人同意。本案的争议焦点是，“某某网”在涉诉网文负面报道中使用张某照片的行为是否构成对张某肖像权的侵害。

裁判情况

本案经过一审、二审。法院经审理认为，某新闻中心将张某的肖像用于负面报道的涉诉网文，没有尽到相应的注意义务，超出了新闻媒体为了新闻传播需要而使用他人肖像的合理范围，构成了不当使用，侵犯了张某的肖像权。

裁判结论：某新闻中心向张某赔礼道歉，并赔偿张某精神损害抚慰金若干。

释法析理

《中华人民共和国民法典》第 1018 条规定，自然人享有肖像权。第 1020 条第 2 项规定，为实施新闻报道，不可避免地制作、使用、公开肖像权人的肖像，可以不经肖像权人同意，合理使用。本案中，双方对于涉诉网文中的涉诉配图系张某本人无争议。因此，本案认定某新闻中心是否构成对张某肖像权的侵害，关键在于其使用行为是否为合理使用。肖像作为人格要素之一，是个人正常形象的客观反映。肖像权益之所以受法律保护，在于保障个人正常的客观形象不受外来的不良影响，从而确保人格的圆满无缺、不受侵害。对肖像的侵害，即体现为人格受侵害。就侵害后果而言，不当使用肖像使人格商业化，使人格等同于金钱，从而导致人格价值受贬损，固然是侵害肖像权的常见类型，而不当使用肖像使人格缺失，亦是对肖像权的侵害。

本案中，某新闻中心主张其使用涉诉配图是为了与涉诉网文内有关该银行的主题相呼应。涉诉配图系张某身着制服、站在银行服务大厅内，以大厅为背景拍摄。虽然图中位于张某的左侧及左后方有大厅服务设备及“大堂经理”桌牌等背景，是张某工作场景的照片，也是此前张某以该银行工作人员身份接受其他媒体采访并被报道使用过的新闻图片，客观上与该银行具有一定的关联性。但是，此前其他媒体使用张某的肖像是为了对张某进行正面宣传，与涉诉网文有关该银行的负面报道之间没有关系，且剥离张某此前接受其他媒体采访报道的背景，单从构图及内容看，涉诉配图中该银行的相关信息并不突出，与该银行的关联性亦不明显，图片的重点和中心系张某的个人肖像本身。因此，即便某新闻中心为新闻传播组图的需要而使用与该银行主题相呼应的配图，也不以使用涉诉配图即张某肖像为必要。而且，涉诉网文的内容又属负面报道性质，这确实会让网络读者对图中人物产生不利于该人物人格的联想，造成张某精神上的困扰。再者，一般而言，人们会避免将自己的肖像等人格要素与负面事物联系到一起，以维护自己的人格完整。而行为人在未经本人同意使用其肖像时，应当注意肖像的使用方式，避免导致正常的人格形象受到不良影响。这是合理使用他人肖像、维护个人人格的应有之义。本案中，涉诉配图的主要内容是张某的肖像，也是张某人格形象的载体，某新闻中心将张某的肖像用于负面报道的涉诉网文，没有尽到相应的注意义务，超出了新闻媒体为了新闻传播需要而使用他人肖像的合理范围，构成不当使用，侵犯了张某的肖像权。

相关法条

1.《中华人民共和国民法典》第一千零一十八条 自然人享有肖像权，有权依法制作、使用、公开或者许可他人使用自己的肖像。

肖像是通过影像、雕塑、绘画等方式在一定载体上所反映的特定自然人可以被识别的外部形象。

2.《中华人民共和国民法典》第一千零二十条 合理实施下列行为的，可以不经肖像权人同意：

（一）为个人学习、艺术欣赏、课堂教学或者科学研究，在必要范围内使用肖像权人已经公开的肖像；

（二）为实施新闻报道，不可避免地制作、使用、公开肖像权人的肖像；

（三）为依法履行职责，国家机关在必要范围内制作、使用、公开肖像权人的肖像；

（四）为展示特定公共环境，不可避免地制作、使用、公开肖像权人的肖像；

（五）为维护公共利益或者肖像权人合法权益，制作、使用、公开肖像权人的肖像的其他行为。

何种情况下可未经同意使用他人照片

（第1020条、第1021条）

基本案情

莫某为中国男子短跑运动员，多次在国内外比赛中取得优异成绩。2015年8月29日，莫某与谢某、苏某、张某代表中国队参加了2015年北京田径世锦赛男子4×100米接力决赛，获得亚军，取得了亚洲队伍在世界大赛中的最好成绩。当日，某房地产公司在其公众微信号上推送了一条标题为“中国男子4×100米接力银牌，创造辉煌！×××发来贺电！一同创造辉煌！”的文章。文章中转载了央视体育频道CCTV5对赛事报道使用的、包含莫某在内的4名选手赛后在赛场的合影两张，及另一张转自新浪体育的赛事成绩列表；文字内容为“8月29日晚，在北京田径世锦赛男子4×100米接力决赛中，牙买加队以37秒36夺得冠军！由于第二位冲线的美国队犯规，成绩被取消。跑出38秒01的中国队收获了一枚银牌！中国队创造第九道奇迹！”和“中国男子4×100米接力队由莫某、谢某、苏某和张某组成。恭喜四个小伙子，恭喜中国田径！”；文章右侧有微信二维码和“微信扫一扫关注该公众号”的内容；文章下方有该房地产公司的宣传信息及免费看楼巴士信息。莫某以该房地产公司侵犯其肖像权为由诉至法院。诉讼中，该房地产公司确认上述文章确系其发布，案涉图片确系其使用。但在接到应诉材料后，该房地产公司就已自行删除案涉图片，案涉图片存在的时间很短、影响甚小。

问题描述

肖像权是自然人的基本人格权，是一种具有绝对属性的专有权利，其专有性意味着肖像权人有权禁止他人非法使用自己的肖像，任何未经本人同意而使用肖像权人肖像，都是对肖像使用专有权的侵害，但是法律另有规定的除外。本案的争议焦点是，某房地产公司未经莫某同意即在微信公众号转载带有莫某图片的新闻报道，是否构成对莫某肖像权的侵害。

裁判情况

本案经过一审、二审。二审法院认为，本案系肖像权纠纷，但某房地产公司的行为不具备侵犯莫某肖像权的构成要件。理由是：第一，从内容上看，该房地产公司是完全转载新闻，文字信息中并未进行删减或是加入任何关于移动产品的广告，旁边的广告链接也与文字内容无关，使用图片的直接目的是使新闻显得更加生动；第二，从时间上看，该房地产公司是在涉案当事人获得奖项后，立即进行转载，为的是保持新闻的时效性；第三，从照片的使用来看，依照普通公众理解，是为了配合新闻报道使用，不是出于营利为目的的打广告需要，该房地产公司也未对该新闻反复转载。该房地产公司使用照片和转载新闻，与其广告并未构成直接联系，客观上也不会误导公众将莫某的肖像与该房地产公司的产品产生联想和误解，该房地产公司使用案涉图片属于合理使用，不构成侵害肖像权。

裁判结论：莫某关于该房地产公司侵犯其肖像权的主张，于法无据，判决驳回其全部诉讼请求。

释法析理

公民享有肖像权，未经本人同意，不得使用公民的肖像。公民的肖像权受法律保护，但特定情况下公民肖像权的行使亦受到一定的限制。本案中，莫某系我国知名运动员，其代表中国参加的2015年北京田径世锦赛男子4×100米接力决赛为国际公开赛事，其参与该赛事的行为亦属公开活动，该赛事活动的公开性及莫某参赛身份的性质，使其肖像权的使用受到一定限制，即在赛事活动中莫某不得反对他人对其拍照，也不应反对他人对该赛事进行新闻报道并合理使用赛事图片。因此，莫某关于某房地产公司侵犯其肖像权的主张不能成立。

相关法条

1.《中华人民共和国民法典》第一千零二十条　合理实施下列行为的，可以不经肖像权人同意：

（一）为个人学习、艺术欣赏、课堂教学或者科学研究，在必要范围内使用肖像权人已经公开的肖像；

（二）为实施新闻报道，不可避免地制作、使用、公开肖像权人的肖像；

（三）为依法履行职责，国家机关在必要范围内制作、使用、公开肖像权人的肖像；

（四）为展示特定公共环境，不可避免地制作、使用、公开肖像权人的肖像；

（五）为维护公共利益或者肖像权人合法权益，制作、使用、公开肖像权人的肖像的其他行为。

2.《中华人民共和国民法典》一千零二十一条　当事人对肖像许可使用合同中关于肖像使用条款的理解有争议的，应当作出有利于肖像权人的解释。

可否随时要求他人停止使用原本已同意使用的照片

（第1022条）

基本案情

2009年9月，某传媒中心、某银行联合举办“年画宝宝”大赛，并通过网络、报纸等形式，介绍了“我健康、我快乐、我成长”的活动主题、主办单位、参赛条件、参赛办法、赛程安排、奖项设置等，明确告知本次大赛共选拔“封面宝宝”1名，“月份宝宝”12名，并将使用13名入选宝宝的照片制作挂历，赠送给银行客户及杂志读者群，入选宝宝将免费拍摄照片，并获得挂历10本及若干奖金。王某某通过网上报名参加了比赛，并当选一月宝宝。后传媒中心、某银行将13名宝宝照片共制作成4000本挂历进行赠送，其中二月宝宝张某、四月宝宝张某某除活动规定赠送的10本外，分别向传媒中心支付了250元，各自多得了5本挂历，除此以外的3990本挂历均向银行客户、杂志读者群及入选宝宝赠送。赛后，王某某一方以未经许可将其肖像制作成挂历、侵害其肖像权为由，要求某传媒中心、某银行进行赔偿，双方协商未果，诉至法院。

问题描述

民法典明确规定，当事人对肖像许可使用期限没有约定或者约定不明确的，任何一方当事人可以随时解除肖像许可使用合同，但是应当在合理期限之前通知对方。本案的争议焦点是，某传媒中心、某银行使用王某某肖像是否经过王某某一方同意，王某某一方是否有权要求某传媒中心、某银行停止使用其肖像。

裁判情况

本案经过一审、二审。二审法院经审理认为，王某某一方于2009年9月报名参加本次大赛，并被评选为第二名，虽然当事人之间没有签订肖像权使用协议，但是王某某一方报名并实际参加比赛以及最终获奖，故其应当知道前述活动介绍对获奖照片的使用安排，王某某的行为应视为其同意某传媒中心、某银行在挂历上使用其肖像。王某某一方在与某传媒中心、某银行客观上形成了肖像权许可使用协议后，要求解除或撤销该协议的，应有法定或约定事由，或者与当事人协商一致，本案中并不存在以上情形。

裁判结论：驳回王某某的诉讼请求。

释法析理

关于某传媒中心、某银行使用王某某肖像是否经过王某某一方同意问题。根据王某某一方提供的活动介绍，2009年9月，某传媒中心、某银行联合举办“年画宝宝”大赛，并通过网络、报纸等宣传形式发布了活动介绍，介绍了活动主题、主办单位、参赛条件、参赛办法、赛程安排、奖项设置等，其中奖项设置一栏明确告知本次大赛共选拔“封面宝宝”1名，“月份宝宝”12名，并将使用该13名入选宝宝的照片制作挂历，赠送给银行客户及杂志读者群，入选宝宝将免费拍摄照片，并获得挂历10本及若干奖金。王某某一方报名并实际参加比赛并获奖，故其应当知道前述活动介绍对获奖照片的使用安排，王某某一方用自己的行为同意了某传媒中心、某银行在挂历上使用其肖像。

关于王某某一方是否有权要求某传媒中心、某银行停止使用其肖像的问题。《中华人民共和国民法典》第1022条规定，当事人对肖像许可使用期限没有约定或者约定不明确的，任何一方当事人可以随时解除肖像许可使用合同，但是应当在合理期限之前通知对方。当事人对肖像许可使用期限有明确约定，肖像权人有正当理由的，可以解除肖像许可使用合同，但是应当在合理期限之前通知对方。因解除合同造成对方损失的，除不可归责于肖像权人的事由外，应当赔偿损失。王某某一方在与某传媒中心、某银行形成肖像权许可使用协议后，要求解除或撤销该协议，因没有约定及正当理由，双方也未就此达成一致，因此其主张不能成立。

相关法条

《中华人民共和国民法典》一千零二十二条　当事人对肖像许可使用期限没有约定或者约定不明确的，任何一方当事人可以随时解除肖像许可使用合同，但是应当在合理期限之前通知对方。

当事人对肖像许可使用期限有明确约定，肖像权人有正当理由的，可以解除肖像许可使用合同，但是应当在合理期限之前通知对方。因解除合同造成对方损失的，除不可归责于肖像权人的事由外，应当赔偿损失。

张贴讨债广告是否侵犯债务人的名誉权

（第 1024 条）

基本案情

屈某欠成某钱，成某多次催促屈某归还，屈某不予理睬。2017 年 11 月 22 日、12 月 1 日，成某先后在所在县超市、学校等多处公共场所张贴大量针对屈某并带有歪曲事实、侮辱言语的标题为“寻人启事”“寻人讨账”的小广告单，并公布屈某姓名、电话、住址等个人信息，给屈某生活、工作带来极其恶劣的影响。屈某认为成某侵犯其名誉权，与成某发生纠纷，诉至法院。

问题描述

名誉是对民事主体的品德、声望、才能、信用等的社会评价。民法典明确规定，民事主体享有名誉权。任何组织或者个人不得以侮辱、诽谤等方式侵害他人的名誉权。本案的争议焦点是，张贴对债务人带侮辱言语的小广告单是否侵犯债务人的名誉权。

裁判情况

本案经过一审、二审。二审法院认为，成某在县超市、学校等繁华市区张贴了大量针对屈某的“寻人启事”“寻人讨账”小广告单，并公布屈某姓名、电话、住址等个人信息。该广告单所载的内容使用了对屈某诋毁、贬损的词语，确会引起他人对屈某的负面评价，使屈某在一定范围内的社会评价降低。

裁判结论：成某行为侵犯了屈某名誉权，成某立即停止侵权行为，并向屈某书面赔礼道歉、消除影响、赔偿精神损害抚慰金。

释法析理

名誉是指社会对特定人的品行、道德、信誉和形象等方面的综合评价。公民的名誉权依法应受到保护。债权人在公共场所张贴歪曲事实、侮辱言语的广告单，并公布债务人姓名、电话、住址等个人信息，该行为具有侮辱、诽谤性质，导致债务人在一定范围内的社会评价降低，给债务人的精神造成了较为严重的痛苦。根据《中华人民共和国民法典》第 1024 条规定，民事主体享有名誉权。任何组织或者个人不得以侮辱、诽谤等方式侵害他人的名誉权。因此，张贴对他人带侮辱言语的小广告单侵犯了他人的名誉权。

相关法条

《中华人民共和国民法典》第一千零二十四条 民事主体享有名誉权。任何组织或者个人不得以侮辱、诽谤等方式侵害他人的名誉权。

名誉是对民事主体的品德、声望、才能、信用等的社会评价。

何种情形下应认定新闻报道严重失实侵害名誉权

（第 1024 条、第 1025 条）

基本案情

2018 年 2 月至 3 月，赵某先后在某妇幼保健院处产检 3 次。其中，2 月 5 日超声检查报告提示：宫内早孕，目前生长相当于 63 天；3 月 20 日超声检查报告提示：单活胎，头位……子宫动脉已测量……3 月 30 日超声检查报告提示：肝脏、胆囊、胰腺、脾脏、肾脏未见明显异常。

2018 年 8 月 28 日，成都某报社在其名下报纸刊发新闻报道《多次检查显示“双活胎”手术之后却仅得一个娃》，在其名下电子媒体《××新闻》刊发新闻报道《孕妇多次产检双活胎却只分娩一胎 医院称误查 警方等部门介入》，内容为：赵某及其家人称，她在上海、自贡 3 家医院的多次产检，甚至术前检查结论均为“双活胎”，他们想不通为何手术后只得到一女……对此，涉事的自贡某医院发表声明称……产妇（赵某）表示不接受，再三陈述受孕后在上海市某妇幼保健院多次检查为双活胎……赵某称，当时她是在上海市某妇幼保健院建卡做产检。赵某告诉记者，怀孕 3 个月 25 天，她在医院做了四维彩超，第一次知道自己怀的是双胞胎……赵某还说，因为被诊断怀的是双胞胎，此后每半个月左右，她都到医院接受彩超检查，随后的 3 次彩超检查结果都是双胞胎……

8 月 29 日，成都某报社的纸质媒体刊发新闻报道《家属赴上海调检

查记录 两次B超检查显示为“单胎”》，在电子媒体刊发新闻报道《产检双胎只生一胎追踪：家属赴上海调记录，两次B超显示为单胎》，报道中称：8月29日，记者从上海市某妇幼保健院了解到，医院仅有该产妇3次到院做检查的记录，其中两次针对胎儿的B超检查结果显示均为单胎；该院并未作出过双胎结论……医务科负责人告诉赵某丈夫陈某桃及其岳母，2月5日和3月20日，针对胎儿的B超检查结论均是“单胎”，医院未作出过“双胎”的结论。成都某报社还将上述两篇电子媒体的报道转发至《今日头条》电子媒体。

某妇幼保健院认为，成都某报社为“博眼球”，在没有调取足够医方资料证实赵某言论的情况下作了上述报道，且案涉报道的标题是对报道内容的高度概况，整篇报道中暗含了负面评价。因此，成都某报社、赵某的行为构成对其名誉权的侵害，遂诉至法院，请求判令成都某报社、赵某立即停止侵犯某妇幼保健院名誉权的行为，删除成都某报社名下媒体刊发的相关文章；判令成都某报社、赵某向某妇幼保健院赔礼道歉，在成都某报社的纸质媒体、电子媒体端刊登赔礼道歉公告并转发至《今日头条》，为某妇幼保健院消除影响、恢复名誉。

问题描述

民法典规定，任何组织或者个人不得以侮辱、诽谤等方式侵害他人的名誉权。本案的争议焦点是，某报社的新闻报道行为及赵某的行为是否构成对某妇幼保健院名誉权的侵害。

裁判情况

本案经过一审、二审。法院经审理认为，涉案报道侵犯了某妇幼保健院的名誉权，成都某报社应承担侵权责任；赵某的陈述是涉案报道的内容来源，亦应承担相应的侵权责任。

裁判结论：成都某报社删除相关文章，并在其名下有关报纸、电子媒体上，向上海市某妇幼保健院赔礼道歉；赵某在成都某报社名下相关报纸、电子媒体上刊登致歉声明，向上海市某妇幼保健院赔礼道歉，成都某报社予以协助。

释法析理

民事主体享有名誉权。任何组织或者个人不得以侮辱、诽谤等方式侵害他人的名誉权。名誉是对民事主体的品德、声望、才能、信用等的社会评价。客观真实性是新闻报道的基本属性。行为人未尽到合理核实义务，新闻报道严重失实，致使他人名誉受到损害的，应按照侵害他人名誉权处理。新闻报道是否失实，以及被报道主体的社会评价是否因此受损，需结合报道的标题、内容、配图乃至媒介形式等要素进行综合评判。涉案报道的标题给人以报道所涉医院产检结果均为“双活胎”的第一印象，结合另外两家医疗机构产检报告为“双活胎”，赵某陈述在某妇幼保健院产检为“双活胎”等内容，足以使阅读该文的一般人产生某妇幼保健院产检结果也是“双活胎”的主观感受。赵某是系争新闻报道的新闻源，其作为亲历者提供的涉及某妇幼保健院的新闻信息明显与客观事实（某妇幼保健院未作过双胎检查结论、未开展四维彩超和羊水穿刺检查业务等）及医学常识（孕双活胎足月而只产单胎）相悖，且赵某及其家属所疑之事直指“（医疗）事故（指向的医院包含某妇幼保健院）或（娃娃）被抱走”并已报警，成都某报社对如此重大特异新闻素材未经严谨必要的完整核实，即急发系争新闻并配置醒目的黑体争议标题，在某妇幼保健院即时向成都某报社提出交涉并提出具体要求（更正报道等）后，成都某报社对此不予接受。该系争新闻很快被《今日头条》等网络媒介转发并由不特定读者公开评论留言。综上，成都某报社对于系争新闻报道中涉及某妇幼保健院的内容严重失实，且对于医疗机构而言，诊断准确与否是其医疗水平高低的重要评价标准，该报道结果足以对某妇幼保健院的社会评价产生负面影响。因此，成都某报社应承担侵权责任。赵某自述在某妇幼保健院产检结果为单活胎，检查结果为“双活胎”的是上海市的其他医疗机构，但在提供新闻材料时多次陈述在某妇幼保健院检查结果为“双活胎”，成为涉案报道的内容来源，亦应承担相应的侵权责任。

本案一审判决后，成都某报社以其系正常新闻报道和舆论监督为由提出上诉。二审法院认为，基于在案证据，结合新闻行业的本身特点和新闻工作的职业要求，以及当下网络媒介转发传播的快速性和广泛性、公众评价留言的公开性及影响度，因系争新闻报道事件指向赵某的孕产两个生理阶段且涉及沪川两地三家医院（含上海市某妇幼保健院），该事件甚至已引致公安、卫计委等有关部门调查取证，故成都某报社进行上述新闻报道时应承担较高的审慎注意义务；同时，成都某报社对于所涉不同医方主体有依据、有能力厘清情形，客观中立地进行区分报道及新闻评析。成都某报社未能举证证明其具有法律上的违法阻却事由，其上诉理由缺乏充分的事实依据及法律依据。

相关法条

1.《中华人民共和国民法典》第一千零二十四条 民事主体享有名誉权。任何组织或者个人不得以侮辱、诽谤等方式侵害他人的名誉权。

名誉是对民事主体的品德、声望、才能、信用等的社会评价。

2.《中华人民共和国民法典》第一千零二十五条 行为人为公共利益实施新闻报道、舆论监督等行为，影响他人名誉的，不承担民事责任，但是有下列情形之一的除外：

（一）捏造、歪曲事实；

（二）对他人提供的严重失实内容未尽到合理核实义务；

（三）使用侮辱性言辞等贬损他人名誉。

消费者对服务效果不满是否可以通过“闹”来解决

(第 1025 条、第 1026 条)

基本案情

2017 年 11 月、2018 年 3 月，刘某在某医疗美容医院处两次接受宝妥适（瘦脸针）注射。注射前，刘某签署知情同意书。后刘某认为该医疗美容医院未达到承诺医疗效果，导致自己毁容、身心受损，遂向该医院提出索赔数百万元，双方协商未果。之后，刘某于 2018 年 6 月至 2019 年 6 月，多个时间段至该医疗美容医院门店交涉，且与医院工作人员发生争执。其间，刘某穿着印有“××医院毁容无数”“××毁容医院”等字样的衣服在该医院门口举标牌、拉横幅及展示图片，标牌内容为“××医院已知 17 宗罪”：“1. 属万恶莆田系四家族之一”“2. 用假药，违规用药”“3. 医生资质不全，非法行医”“4. 招牌医生真实学历：卫校毕业”“5. 医院未取得执业许可证擅自营业”“6. 聘用无资质的医疗工作人员”“7. 辱骂、殴打、恐吓、跟踪受害人；黑社会”“8. 大量医托，全国诱骗”“9. 冒用九院官网及专家，欺诈消费”“10. 大量虚假广告，各种好评全假的”“11. 疯狂封杀各受害人的真实帖子”“12. 病历造假，术前照造假”“13. 术前无辅助检查，导致术者大量感染”“14. 术中，医生调包”“15. 无风险告知，术中流程严重不规范”“16. 失败率极高，每年上百起维权”“17. 失败后拒不赔偿，暴力对待，维权无门”，标牌背面为刘某自行拍摄的注射瘦脸针前后的脸部对比照片，且印有“××医院瘦脸针毁容”等内容；横幅内容包括：“维权被辱骂并动手，××医院是家黑店”“寻找××医院更多受害人”……图片内容包括：“想毁容来××医院……”并印有刘某自行拍摄的脸部对比照片。

发生争执后，双方曾多次报警。2019年6月，该地公安局派出所作出行政处罚决定，对刘某在××医院门口以举牌子、喊标语的方式扰乱公共场所秩序的行为，给予其罚款200元的行政处罚。

2018年12月至2020年3月，刘某在其注册的昵称为“××医院莆田系黑心医院”和“瘦脸针毁容索赔300万的女生”新浪微博账号上持续发布相关涉案文章、图片及视频，文章内容中包括：“豁出去了！被××医院毁容人生尽毁，索赔300万何错之有?”“恶势力的门店”“这种黑心医院害了好多人”“希望不再有女孩被这样的黑心医院伤害”“更没想到会集体辱骂、动手、甚至派人跟踪……黑社会吧？是我太天真！魏则西事件不是故事，而是真切发生在自己身上的”“细数××医院有多黑”……等文字描述；图片为刘某自行拍摄的注射瘦脸针前后的脸部对比照片；视频亦为刘某自行拍摄的演示己方脸部出现变化的视频。

2019年8月，该医疗美容医院向公证处提出公证申请，公证处公证人员对涉案微博中的部分内容及通过搜索引擎（百度）检索的部分内容进行截屏、保存，制作公证书。公证书内容为：在搜索引擎（百度）中键入“××医院受害者维权”，打开链接网页，将标题为《曝光寻找在××医院美容失败的受害者，一起维权》的文章截屏；将百度贴吧中标题为《上海××医院，××毁我脸，维权难!》的帖子截屏，该帖子中包括被告脸部照片及被告自述至原告处就诊、维权的过程；另将检索出的相关媒体报道内容截屏，将昵称为“××医院莆田系黑心医院”和“瘦脸针毁容索赔300万的女生”的两个新浪微博账号中部分内容、跟帖等截屏。该份公证书显示昵称为“××医院莆田系黑心医院”微博账号的关注353、粉丝162、微博61；昵称为“瘦脸针毁容索赔300万的女生”微博账号的关注971、粉丝73、微博17。截屏的跟帖内容包括：“看着就气人，垃圾医院”“恶心至极，医院的医生不管有证没证至少让她进去坐几年牢”“这医院太可怕了，怎么会没人管呢”等。

问题描述

法人享有名誉权并受法律保护。是否构成对名誉权的侵犯，应当根据受害人确有名誉被损害的事实、行为人行为违法、违法行为与损害后果之间有因果关系、行为人主观上有过错来认定。民法典明确规定，民事主体享有名誉权。任何组织或者个人不得以侮辱、诽谤等方式侵害他人的名誉权。本案的争议焦点是，刘某至某医疗美容医院处所为之涉案行为、在网络上发布涉案微博内容是否已侵犯了该医院的名誉权。

裁判情况

本案经过一审、二审。二审法院认为：刘某对在某医疗美容医院处接受医疗美容服务的效果不满意，理应通过协商、向有关主管部门投诉、诉讼等方式维护其合法权益。但刘某采取了至该医疗美容医院的实体门店举标牌、穿状衣、拉横幅等方式，其间使用了“毁容无数”“毁容医院”“失败率极高”“术者大量感染”“黑社会”“黑店”等文字。刘某还在其注册的微博中发布文章，亦使用了“毁容”“恶势力”“黑心医院”等文字。上述评论缺乏事实依据，刘某的行为显然超过了合理维权、舆论监督的限度，构成对该医疗美容医院的名誉侵权行为，对该医院的名誉造成了贬损。

裁判结论：刘某的行为超出正当评价、监督的合理边界，已构成对某医疗美容医院名誉权的侵害，其应为此承担侵权责任。为消除刘某侵权行为造成的影响及恢复某医疗美容医院名誉，刘某应当向该医疗美容医院赔礼道歉，并支付该医疗美容医院为维护自身权益而支出的合理费用。

释法析理

整形美容为民营医疗美容机构业务范围，刘某在某医疗美容医院门口举标牌、拉横幅及展示图片，通过微博等发布贬损性文字、照片、视频均系对该机构执业内容的负面评价。同时，在缺乏事实及法律依据的情况下使用一系列结论性、主观性措词进行负面指责，行为已属违法。从涉案文章的转发、评论情况分析，已使得社会公众对其执业形象、专业能力的评价降低，导致了该美容医疗机构名誉受损。刘某行为显然超过了合理维权、舆论监督的限度，构成对该医疗美容机构的名誉侵权，应当承担民事责任。消费者对接受服务的效果不满意，应通过协商、向有关主管部门投诉、诉讼等方式维护自身合法权益。

相关法条

1.《中华人民共和国民法典》第一千零二十五条 行为人为公共利益实施新闻报道、舆论监督等行为，影响他人名誉的，不承担民事责任，但是有下列情形之一的除外：

（一）捏造、歪曲事实；

（二）对他人提供的严重失实内容未尽到合理核实义务；

（三）使用侮辱性言辞等贬损他人名誉。

2.《中华人民共和国民法典》第一千零二十六条 认定行为人是否尽到前条第二项规定的合理核实义务，应当考虑下列因素：

（一）内容来源的可信度；

（二）对明显可能引发争议的内容是否进行了必要的调查；

（三）内容的时限性；

（四）内容与公序良俗的关联性；

（五）受害人名誉受贬损的可能性；

（六）核实能力和核实成本。

对“问题产品”可否在新闻媒体上曝光

（第 1025 条、第 1028 条）

基本案情

魏某在当地总经销商装修公司购买某品牌铝材后，发现有腐蚀现象，遂向该装修公司反映。装修公司接到反映后，单方委托送检，显示质量合格。因协商解决未果，魏某向电视台反映，电视台据此制作“问题铝材”节目对该起消费纠纷进行了报道，其中有记者对各方采访及律师观点。装修公司认为电视台和魏某侵犯其名誉权，与电视台、魏某发生纠纷，诉至法院。

问题描述

民法典对名誉权的限制做出了规定，即行为人为公共利益实施新闻报道、舆论监督等行为，影响他人名誉的，不承担民事责任。本案的争议焦点是，新闻媒体对“问题产品”的报道是否侵犯名誉权。

裁判情况

法院经审理认为，魏某从消费者角度提出可能性分析，魏某在主观上没有过错，其提供新闻线索及接受采访行为亦不具有违法性。涉诉新闻仅报道消费者魏某反映的铝材在使用过程中出现腐蚀现象，未对产品质量作出批评或负面评论。而腐蚀现象即成因均可作“问题”解释。装修公司并无证据证明该报道播出对公司声誉或销售业绩造成不利影响，其将“问题”等同于“质量不合格”。电视台对涉案铝材新闻报道基本内容属实。

裁判结论：魏某和电视台不构成对某装修公司名誉权侵害，驳回该装修公司诉求。

释法析理

《中华人民共和国民法典》第 1025 条规定，行为人为公共利益实施新闻报道、舆论监督等行为，影响他人名誉的，不承担民事责任，但是有下列情形之一的除外：“（一）捏造、歪曲事实；（二）对他人提供的严重失实内容未尽到合理核实义务；（三）使用侮辱性言辞等贬损他人名誉。”即行为人只要没有实施民法典规定的捏造、歪曲事实等三种情形，对“问题产品”“问题服务”等与公共利益相关事项实施新闻报道、舆论监督等行为，影响了相关人员名誉，是可以不承担民事责任的。而实施报道的新闻媒体是否要承担侵权责任，民法典和相关法律亦有规定。《中华人民共和国民法典》第 1028 条规定，民事主体有证据证明报刊、网络等媒体报道的内容失实，侵害其名誉权的，有权请求该媒体及时采取更正或者删除等必要措施。何为“内容失实”？新闻不等同于司法审判要有充足证据才能作出结论。最高人民法院《关于审理名誉权案件若干问题的解答》对新闻报道名誉侵权确定了“严重失实”的证明标准。界定新闻报道内容是否严重失实，应以其所报道内容是否有可合理相信为事实的消息来源为依据。只要新闻报道内容有采访者当时以一般人认识能力判断认为可以合理相信为事实的消息来源支撑，而非道听途说或捏造，则新闻机构即获得法律所赋予的事实方面的豁免权，即使报道内容与客观事实不完全吻合，亦不能认为是严重失实。因此，行为人通过新闻媒体或新闻媒体对产品质量等有关问题进行报道，在不失实的情况下，不用承担民事责任。

相关法条

1.《中华人民共和国民法典》第一千零二十五条　行为人为公共利益实施新闻报道、舆论监督等行为，影响他人名誉的，不承担民事责任，但是有下列情形之一的除外：

（一）捏造、歪曲事实；

（二）对他人提供的严重失实内容未尽到合理核实义务；

（三）使用侮辱性言辞等贬损他人名誉。

2.《中华人民共和国民法典》第一千零二十八条　民事主体有证据证明报刊、网络等媒体报道的内容失实，侵害其名誉权的，有权请求该媒体及时采取更正或者删除等必要措施。

文学作品描述真人真事是否构成侵权

（第 1027 条）

基本案情

项某系某公司办公室行政专员，从事盖章等公章管理工作。谭某系该公司投资发展部经理。徐某系该公司办公室职员。2010 年 8 月 21 日，项某与前妻杜某登记离婚，二人育有一子。2014 年 9 月 27 日，项某与谭某登记结婚。2019 年 7 月 19 日，徐某在其微信公众号“火柴的命运”发表《抛妻弃子的项公》一文，文中写道：“这里说的项公，是一个姓项的男子。为了和某公司投资部的一位谭姓科级经理结婚，项某抛妻弃子……因为投资部谭某的关系，公司重用他，让他专门负责保管公司的公章。他的工作，就是每天给文件盖章……现在，这一对狗男女，每天上班下班都是一起，还手挽手的。让人恶心……”该文中人物姓氏、工作情况、家庭情况与项某、谭某身份信息基本一致。徐某是否侵犯名誉权，与项某、谭某发生纠纷，诉至法院。

问题描述

民法典明确规定，行为人发表的文学、艺术作品以真人真事或者特定人为描述对象，含有侮辱、诽谤内容，侵害他人名誉权的，受害人有权依法请求该行为人承担民事责任。本案的争议焦点是，行为人发表文学作品以真人真事或者特定人为描述对象，是否构成侵犯名誉权。

裁判情况

本案经过一审、二审。二审法院审理认为，徐某以项某、谭某为原型，在其微信公众号“火柴的命运”上发表案涉文章，文章中有侮辱他人人格的内容，对项某、谭某的人格构成贬损，在一定范围内造成项某、谭某的社会评价降低，徐某主观过错明显，行为具有违法性，侵害了项某、谭某的名誉权。

裁判结论：徐某在案涉微信公众号上发布道歉函，并赔偿精神损害抚慰金以及对项某、谭某为制止侵权行为所支付的合理开支。

释法析理

根据《中华人民共和国民法典》第1027条的规定，行为人发表的文学、艺术作品以真人真事或者特定人为描述对象，含有侮辱、诽谤内容，侵害他人名誉权的，受害人有权依法请求该行为人承担民事责任。徐某以项某、谭某为原型在其微信公众号“火柴的命运”上发表《抛妻弃子的项公》，文中人物姓氏、工作情况、家庭情况明显指向项某、谭某，徐某并无证据证明项某跟前妻杜某离婚与谭某有直接联系，亦无证据证明公司因谭某的关系而重用项某的事实，项某没有义务证明自己离婚的起因以及是否为过错方，徐某在文中主观臆测项某为与谭某结婚而抛妻弃子和公司重用项某是因为谭某的关系，无任何事实根据，损害了项某、谭某的名誉，即便徐某的陈述全部或者部分属实，徐某的行为也构成了对项某、谭某隐私权的侵犯。另外，文中“狗男女”的表述对项某、谭某的人格有一定程度的贬损，构成侮辱，在一定范围内造成项某、谭某的社会评价降低，徐某行为主观过错明显，具有违法性，给项某、谭某名誉权造成侵害，应承担相应的法律责任。

相关法条

《中华人民共和国民法典》第一千零二十七条 行为人发表的文学、艺术作品以真人真事或者特定人为描述对象，含有侮辱、诽谤内容，侵害他人名誉权的，受害人有权依法请求该行为人承担民事责任。

行为人发表的文学、艺术作品不以特定人为描述对象，仅其中的情节与该特定人的情况相似的，不承担民事责任。

被冒名贷款影响个人征信 银行是否应承担责任

（第 1029 条、第 1030 条）

基本案情

刘某的前夫马某通过朋友认识了某汽车销售有限公司法人代表向某，马某提出想零首付买车，因马某征信有问题，不能贷款，马某遂提出以刘某的名义买车，并未经刘某同意擅自给向某提供了刘某的身份证、户口本、结婚证，并全权委托向某到工商银行办理贷款事宜。向某以刘某的名义向工行某支行申请办理个人汽车分期付款信用卡，申请授信 15 万元，期限 3 年。工行某支行根据向某的申请，发放了贷款。贷款下来后，向某将登记在刘某名下工商银行信用卡及车辆均交给了马某。对于上述办卡购车事宜，刘某不知情。后因马某逾期还款刘某被列入中国人民银行征信系统，导致刘某信用受损。刘某认为，工商银行某支行、某汽车销售公司及向某侵犯其人格权，遂诉至法院。

问题描述

本案系人格权中的名誉权纠纷。信用评价错误就有可能出现侵犯名誉权问题。民法典明确规定，民事主体发现信用评价不当的，有权提出异议并请求采取更正、删除等必要措施。本案的争议焦点是，工商银行某支行是否侵犯刘某名誉权，应否承担赔偿责任。

裁判情况

本案经过一审、二审。二审法院认为，刘某被冒名办理信用卡并进行贷款，因冒用人逾期还款，工商银行某支行将刘某名下的逾期信息上传至中国人民银行征信系统，导致刘某的信用评价下降、信用权益受到侵害。工商银行某支行违规发放信用卡及贷款、错误录入征信系统、放任错误征信信息持续存在的行为，侵犯了刘某的信用权益，对此应当承担侵权赔偿责任。

裁判结论：工商银行某支行向刘某赔礼道歉，注销办理在刘某名下信用卡，赔偿刘某精神损害抚慰金及其他经济损失。

释法析理

信用权益被民法典明确列举为应当保护的一种人格权，属于民事主体具有的经济能力在社会上获得相应信赖与评价所保有和维护的人格权，应当受到依法保护。《中华人民共和国民法典》第 1029 条规定，民事主体可以依法查询自己的信用评价；发现信用评价不当的，有权提出异议并请求采取更正、删除等必要措施。信用评价人应当及时核查，经核查属实的，应当及时采取必要措施。第 1030 条规定民事主体与征信机构等信用信息处理者之间的关系，适用本编有关个人信息保护的规定和其他法律、行政法规的有关规定。因此，银行违规发放信用卡及贷款、错误录入征信系统、放任错误征信信息持续存在的行为，侵犯了当事人的信用权益，对此应当承担侵权赔偿责任。

相关法条

1.《中华人民共和国民法典》第一千零二十九条 民事主体可以依法查询自己的信用评价；发现信用评价不当的，有权提出异议并请求采取更正、删除等必要措施。信用评价人应当及时核查，经核查属实的，应当及时采取必要措施。

2.《中华人民共和国民法典》第一千零三十条 民事主体与征信机构等信用信息处理者之间的关系，适用本编有关个人信息保护的规定和其他法律、行政法规的有关规定。

在微信朋友圈发布针对烈士的不当言论是否构成侵害荣誉权

（第 1031 条）

基本案情

2019 年 3 月 31 日下午，在四川省凉山州森林火灾的救援现场，因风力风向突变，突发林火爆燃，27 名森林消防指战员和 3 名地方扑火队员在扑火行动中壮烈牺牲。4 月 2 日，应急管理部、四川省人民政府批准 30 名同志为烈士。社会各界对凉山烈士的牺牲纷纷表示哀悼。当日，霍某在其微信朋友圈中对凉山烈士救火牺牲一事公然发布带有侮辱性的不当言论，诋毁凉山烈士的品德和形象，引起众多网友的极大愤慨，造成了恶劣的社会影响，严重损害了社会公共利益。人民检察院依法提起民事公益诉讼。

问题描述

民事主体享有荣誉权。民法典明确规定，任何组织或者个人不得非法剥夺他人的荣誉称号，不得诋毁、贬损他人的荣誉。本案的争议焦点是，在微信朋友圈发布针对烈士的不当言论，是否构成侵害荣誉权。

裁判情况

本案经过一审，双方当事人未提起上诉，判决已生效。法院审理认为，在微信朋友圈发布对英烈的侮辱性言论，属于利用网络侵害烈士名誉、荣誉的违法行为，损害了社会公共利益。

裁判结论：霍某侵害凉山英雄烈士名誉权、荣誉权，判令其公开赔礼道歉，消除影响。

释法析理

英雄烈士的形象是民族精神的体现，是引领社会风尚的标杆。英雄烈士的姓名、肖像、名誉和荣誉等不仅是个人权益的重要内容，更是社会正义的重要组成内容，蕴含了社会主义核心价值观和民族的共同情感。《中华人民共和国英雄烈士保护法》第22条规定，任何组织和个人不得在公共场所、互联网或者利用广播电视、电影、出版物等，以侮辱、诽谤或者其他方式侵害英雄烈士的姓名、肖像、名誉、荣誉。利用互联网公然发布侮辱性言论，诋毁烈士形象，影响恶劣，严重损害了社会公共利益。《中华人民共和国民法典》第1031条规定，民事主体享有荣誉权。任何组织或者个人不得非法剥夺他人的荣誉称号，不得诋毁、贬损他人的荣誉。因此，互联网、微信朋友圈不是法外之地，所发表的言论不得侵犯他人名誉权、荣誉权。

相关法条

1. **《中华人民共和国民法典》第一千零三十一条** 民事主体享有荣誉权。任何组织或者个人不得非法剥夺他人的荣誉称号，不得诋毁、贬损他人的荣誉。

2. **《中华人民共和国英雄烈士保护法》第二十二条** 禁止歪曲、丑化、亵渎、否定英雄烈士事迹和精神。

英雄烈士的姓名、肖像、名誉、荣誉受法律保护。任何组织和个人不得在公共场所、互联网或者利用广播电视、电影、出版物等，以侮辱、诽谤或者其他方式侵害英雄烈士的姓名、肖像、名誉、荣誉。任何组织和个人不得将英雄烈士的姓名、肖像用于或者变相用于商标、商业广告，损害英雄烈士的名誉、荣誉。

公安、文化、新闻出版、广播电视、电影、网信、市场监督管理、负责英雄烈士保护工作的部门发现前款规定行为的，应当依法及时处理。

志书编纂者未全面记述他人荣誉是否构成侵害荣誉权

（第 1031 条）

基本案情

刘某 1961 年至 1964 年间先后任某团农场七连、某团机械化连文化教员，并担任某师《××报》、兵团《××报》的通讯员。由于工作出色，四年间，刘某所在的某团七连、机械化连先后被师政治部评为“五好通讯组”，刘某本人也被评为“五好通讯员”。某团农场机械化连通讯读报经验在兵团 1964 年报纸通讯工作会议上被树立为典型。

1996 年出版的《某团志》（1953—1995），主编为张某，副主编为熊某、谢某，初稿编写人员为熊某、谢某等，张某时任某团党委常委、副政委，分管史志编纂工作。该团志记述的时间从 1953 年 3 月部队整编起，至 1995 年年底。其中第 310 ~ 311 页“第四节通讯”中的第二自然段内容为：1962 年 5 月至 1965 年，团通讯干事毛某组织了一批骨干通讯员，有张某、陈某、刘某……经过努力，刊稿率逐步提高，连续被师、兵团评为“先进通讯站”。刘某认为《某团志》上述记载严重失实，抹杀了机械化连通讯读报组的突出贡献，无视团、师两级政治部门连续四年对其个人和其带领的某团农场七连、机械化连通讯与读报组的双重奖励，侵害了其荣誉权，遂诉至法院，请求判令张某停止侵害，恢复荣誉，消除影响，赔礼道歉，并赔偿荣誉损失、精神损害抚慰金若干；判令某团还原历史真相，纠正侵权的某团通讯史中的谬误。

问题描述

民法典明确规定，民事主体享有荣誉权。任何组织或者个人不得非法剥夺他人的荣誉称号，不得诋毁、贬损他人的荣誉。本案的争议焦点是，张某、某团在志书编纂中，未全面记载刘某的历史贡献、荣誉称号是否构成对刘某荣誉权的侵害。

裁判情况

本案经过一审、二审。法院经审理认为，刘某主张张某、某团侵害其荣誉权的理由不成立。

裁判结论：驳回刘某诉讼请求。

释法析理

荣誉权是指民事主体对其获得的荣誉及其利益享有的保持、支配的一种权利。《中华人民共和国民法典》第1031条规定，民事主体享有荣誉权。任何组织或者个人不得非法剥夺他人的荣誉称号，不得诋毁、贬损他人的荣誉。本案中，《某团志》属于地方志书。国务院《地方志工作条例》第3条指出："地方志书，是指全面系统地记述本行政区域自然、政治、经济、文化和社会的历史与现状的资料性文献。"地方志是一种资料性著述，记述的内容是本行政区域自然、政治、经济、文化和社会的历史与现状，强调资料的科学性，具有地方性、资料性、连续性、综合性、编纂体例独特性等特点。《某团志》第310～311页关于"1962年5月至1965年，团通讯干事毛某组织了一批骨干通讯员，有张某、陈某、刘某……经过努力，刊稿率逐步提高，连续被师、兵团评为'先进通讯站'"的记述，概括介绍了包括刘某在内的9名骨干通讯员努力提高刊稿率，连续获得师、兵团"先进通讯站"的事迹，仅是针对这一时期某团通讯发展的一个记载，记载的是事件，符合编纂地方志的特点，每个通讯员各自获得荣誉称号在当时已给予嘉奖与表彰，对于骨干通讯员是概括记述，没有对这一时期的骨干通讯员姓名顺序特别注明以贡献大小排名，也符合地方志的编纂要求，排名先后不能证明客观上实施了阻挠、压制、剥夺、诋毁刘某个人荣誉称号的行为。《某团志》未突出、全面记述刘某的历史荣誉，也并不意味就抹杀了刘某的历史贡献，贬低了刘某的社会评价，剥夺了刘某的荣誉称号，且已将刘某列为骨干通讯员，肯定了刘某为某团通讯报道事业做出的贡献。因此，刘某关于某团编纂的《某团志》侵害其荣誉权的主张不符合荣誉权侵权的构成要件。张某时任某团党委常委、副政委，分管史志编纂工作，担任主编是其职务行为，其本人并未直接参与志书的具体撰稿，刘某主张张某故意剥夺其个人荣誉，抹杀其历史功绩，与客观事实不符，其主张张某个人侵害其荣誉权的理由亦不能成立。

相关法条

《中华人民共和国民法典》第一千零三十一条 民事主体享有荣誉权。任何组织或者个人不得非法剥夺他人的荣誉称号，不得诋毁、贬损他人的荣誉。

获得的荣誉称号应当记载而没有记载的，民事主体可以请求记载；获得的荣誉称号记载错误的，民事主体可以请求更正。

未按约定在图书楼上镶嵌捐赠人姓名是否构成侵害荣誉权

（第 1031 条）

基本案情

李某系某中学退休教师。1996 年初，某中学因学生猛增，校舍严重不足，加之老校舍破旧不堪，急需扩建和改建。县政府在原北大操场召开建校动员大会。某中学承诺李某，如果李某带头捐资 1 万元，某中学可以在图书楼上镶嵌以李某名字冠名的“李某图书楼”五个大字作留念。李某捐助 1 万元后，县政府和某中学时任校长向某亲自向李某颁发了捐资 1 万元的荣誉镜牌，并现场宣布，整体楼建成后，以李某名字命名为“李某图书楼”。1999 年，某中学时任校长向某离任时因图书楼尚未建成，其交代下任校长解决。但某中学图书楼竣工后，新任校长并未按照原约定镶嵌李某名字。后李某多次找某中学历任领导协商均未果，遂诉至法院，请求判令某中学承担其荣誉权受侵害的赔偿责任。

问题描述

民事主体的荣誉权受法律保护。民法明确规定，任何组织或者个人不得非法剥夺他人的荣誉称号。本案的争议焦点是，某中学未按约在图书楼上镶嵌李某名字的行为是否构成对李某荣誉权的侵害。

裁判情况

法院经审理认为，某中学未按约在图书楼上镶嵌李某名字的行为使李某所期待享受的荣誉不能实现，给其精神带来痛苦，应承担相应赔偿责任。

裁判结论：由某中学赔偿李某精神损害抚慰金 2 万元。

释法析理

荣誉不是一般的社会评价，是特定主体在社会生产和社会生活中有突出表现或贡献，而由政府或有关单位给予的积极的、正式的评价。荣誉权是获得荣誉的民事主体保持、支配荣誉的权利。《中华人民共和国民法典》第 1031 条规定，任何组织或者个人不得非法剥夺他人的荣誉称号。获得的荣誉称号应当记载而没有记载的，民事主体可以请求记载。本案中，李某为支持教育事业，捐赠 1 万元帮助某中学兴建校舍，其善举应当得到全社会的肯定和褒奖。某中学为感谢李某的无偿捐赠，自愿承诺以李某的名字命名校方图书楼，以弘扬社会正能量。李某因此对获得该荣誉有所期待。民事主体从事民事活动，应当遵循诚信原则，秉持诚实，恪守承诺。本案中，某中学作为教育部门，系社会环境中的重要组成部分，本应积极传播社会主流文化和价值观念，但其却违反诚实信用原则，其行为使李某所期待享受的因荣誉而产生的内心满足等精神感受不能实现，使其精神权益受到侵害，故李某的诉讼请求，有事实及法律依据，法院审理后对此予以支持。

相关法条

《中华人民共和国民法典》第一千零三十一条 民事主体享有荣誉

权。任何组织或者个人不得非法剥夺他人的荣誉称号，不得诋毁、贬损他人的荣誉。

获得的荣誉称号应当记载而没有记载的，民事主体可以请求记载；获得的荣誉称号记载错误的，民事主体可以请求更正。

偷听他人打电话并录音是否构成侵权

（第 1032 条）

基本案情

被告段某某系某公司区域销售经理，原告尚某某系段某某的上级主管。某日 16 时许，尚某某与段某某同时入住北京某某饭店，尚某某入住 X 号房间，段某某入住隔壁 Y 号房间。当日 21 时许，段某某站在楼道里尚某某房间外，偷听房间内尚某某与他人打电话，并对尚某某的通话进行录音，后以电子邮件的方式将录音材料发送给公司部分人员。尚某某以被告段某某侵犯其隐私权为由，诉至法院，请求判令段某某立即删除其在北京某某饭店住宿期间录制的有关尚某某的音频、视频或其他方式储存的信息资料，并就其侵害尚某某隐私权的行为赔礼道歉。

问题描述

自然人享有隐私权。民法典明确规定，任何组织或者个人不得以刺探、侵扰、泄露、公开等方式侵害他人的隐私权。本案的争议焦点是，在房间外偷录他人的电话交谈内容并将录音内容以电子邮件的方式向特定人发送，该行为是否侵害了他人的隐私利益；偷录的内容不涉及隐私、未将录音广泛传播是否可以成为侵害他人隐私权的抗辩事由。

裁判情况

本案经过一审、二审。二审法院审理认为，酒店房间具备封闭、独立之特征，与公众空间分隔，尚某某被录音时正处于其酒店房间内，属于尚某某的个人空间。尚某某对其在个人空间内发生的谈话不被偷听、偷录应享有合理的期待，尚某某并不具有将自己在个人空间内的谈话内容为谈话对象之外的人所知悉的意愿，未以任何形式放弃自己的隐私利益。段某某在尚某某的房间外，对尚某某的谈话进行录音，对尚某某的个人空间隐私权造成了侵害。因此，即便如段某某所述其并非刻意偷听，段某某将谈话内容录音并发送给他人亦侵犯了尚某某的隐私权。被告对原告个人空间隐私权的侵犯，不以录音内容是否涉及隐私以及偷录内容是否被传播为要件，被告在他人房间外的偷录行为，一经发生即构成对他人空间隐私权的侵害。

裁判结论：尚某某诉请要求段某某删除录音内容并向其道歉，符合法律规定，二审法院判决予以支持。

释法析理

《中华人民共和国民法典》第 1032 条规定，自然人享有隐私权。任何组织或者个人不得以刺探、侵扰、泄露、公开等方式侵害他人的隐私权。隐私是自然人的私人生活安宁和不愿为他人知晓的私密空间、私密活动、私密信息。根据本条规定，隐私是一种不可侵犯的特殊人格利益，包括自然人私人生活安宁、私密空间、私密活动和私密信息。它属于私人领域，与信息支配密切相关。隐私权保护自然人私生活安宁与私人信息秘密不受他人非法侵扰、知悉、搜集、利用和公开，只要权利人不愿意，他人都应负担不干涉其隐私的绝对义务。物理空间隐私权是隐私权主要组成部分，是可以被感知的存在，如私人住宅、轿车、信箱等。它不限于私人场所，也可以是公共场所，如宾馆入住的房间、超市储存柜等。空间隐私利益包括但不限于自然人在固定或临时的隐私空间从事活动不受非法侵扰，不受监视、监听、窥探、摄影、录像等。本案中，原告入住酒店，该酒店房间成为其临时的隐私空间，其在该房间内从事的活动不受监视、监听、窥探，包括被告在内的其他人负有不干涉其隐私的义务。被告段某某在原告不知情的情况下，偷听打电话并录音的行为侵犯了原告的隐私权，应当承担侵权责任，原告要求被告段某某删除录音资料并赔礼道歉，是合理合法的。

相关法条

1.《中华人民共和国民法典》第一千零三十二条 自然人享有隐私权。任何组织或者个人不得以刺探、侵扰、泄露、公开等方式侵害他人的隐私权。

隐私是自然人的私人生活安宁和不愿为他人知晓的私密空间、私密活动、私密信息。

2.《中华人民共和国民法典》第一千一百六十五条 行为人因过错侵害他人民事权益造成损害的，应当承担侵权责任。

依照法律规定推定行为人有过错，其不能证明自己没有过错的，应当承担侵权责任。

多次辱骂他人是否构成侵害人格权

（第 1032 条）

基本案情

曹某与张某同为某花园小区居民。2018 年 1 月，曹某与张某因张某在该小区内遛 3 只大型金毛犬发生不快。2018 年 1 月，张某 3 次牵着 3 只大型金毛犬经过曹某家门口，曹某拿着手机对着张某拍视频，张某对曹某大声叫喊“落井下石”“人在做，天在看”“弱智”“戆大”“设施勒索”。曹某为此将张某起诉至某区法院，某区法院于 2018 年 3 月 7 日立案受理了曹某与张某名誉权纠纷一案。2018 年 3 月 10 日，张某收到法院送达的第一次传票及起诉状副本后，3 次到曹某家门口，大声叫骂“畜生”“不得好死”等。曹某遂再次诉至法院，请求判令张某就其侵犯曹某人格尊严的多次辱骂行为，向曹某赔礼道歉，并赔偿曹某精神损失费若干。

问题描述

自然人的私人生活安宁不受侵害。本案的争议焦点是，张某的辱骂行为是否构成对曹某生活安宁的侵害，是否侵害曹某人格权。

裁判情况

本案经过法院一审、二审。二审法院审理认为，张某的行为侵害了曹某生活安宁的权利，应承担相应民事责任，但因曹某未能提供证据证明其因张某的侵权行为遭受了精神损害，故对其要求赔偿精神损害抚慰金的诉请，不予支持。

裁判结论：张某向曹某书面赔礼道歉。

释法析理

公民的生活安宁及身心健康应该得到保护。行为人因过错侵害他人民事权益，应当承担侵权责任。本案中，对于张某的行为是否侵害曹某人格权，一审法院和二审法院持不同观点。一审法院认为，张某的辱骂行为均可视作张某在特定情境下的应激反应，且辱骂事件发生于曹某家门口，无人围观，持续时间较短，从张某发表过激言语的起因、后果及影响范围看，尚不足以达到侵犯曹某人格利益的程度，遂据此驳回了曹某全部诉讼请求。二审法院认为，公民对生活安宁享有权利，该权利受法律保护，他人不得非法侵扰。行为人对他人生活安宁造成侵扰的，应承担相应侵权责任。本案中，双方当事人发生矛盾后，张某如认为其与曹某之间存在不同意见，可通过合法途径处理，但其采取了多次辱骂的方式，其行为对曹某及曹某家人的正常生活造成了侵扰，侵害了曹某的合法权益，一审判决认定张某的行为属于特定环境下的应激反应而非侵权行为，存有不妥之处，曹某起诉要求张某赔礼道歉，于法不悖，应予支持。

相关法条

《中华人民共和国民法典》第一千零三十二条 自然人享有隐私权。任何组织或者个人不得以刺探、侵扰、泄露、公开等方式侵害他人的隐私权。

隐私是自然人的私人生活安宁和不愿为他人知晓的私密空间、私密活动、私密信息。

未征得被采访对象明确同意公开其个人隐私是否构成侵害隐私权

（第 1032 条、第 1033 条）

基本案情

周某与李某原系恋人关系。恋爱中，双方订婚并依照老家习俗举办婚礼，但未登记结婚。2018 年 11 月，周某怀孕。同年 12 月，双方发生争执，经沟通无果，周某自行进行人工流产后，双方终止恋爱关系。

某某记栏目系某电视频道制作的一档情感类节目。李某于 2018 年 12 月委托该栏目对周某、李某两人进行调处。2018 年 12 月 28 日，该栏目记者随同李某及其父母来到周某家中进行采访，在李某的指引下，栏目组记者敲门无人应答，周某的母亲通过阳台与记者对话了解相关情况，经周某同意后，记者及随行摄影师进入周某家中进行摄影，周某在家接受采访并向记者陈述了其和李某相识、订婚、同居并因两人发生矛盾而前往医院接受人工流产手术的情况；次日该栏目组记者邀集周某、李某及其家人、所在社区及村委会干部在当地人民调解委员会进行了调解。周某在人民调解过程中明确拒绝了李某邀请办理结婚登记和好的要求并离开调解办公室；随后的调解过程中李某要求返还彩礼，周某的母亲听取后未作出答复并离开，此次采访结束。

该栏目组对本次采访进行制作，于 2019 年某日在某电视频道某某记栏目进行播放，并就当事人陈述加注中文字幕。节目中周某、李某使用了化名，周某及其母亲、表姐、李某及其家人在节目中均正面采访镜头，未加注马赛克。周某认为某电视频道自栏目组记者采访之时至今，节目仍可在网上点击播放侵犯其人格权，遂诉至法院，请求判令某电视频道停止侵害并赔偿精神损害抚慰金若干。

问题描述

自然人隐私权受法律保护，任何组织或个人都不得侵犯。本案的争议焦点是，某电视频道某某记栏目对周某、李某订婚、怀孕等恋爱经过进行播放的行为，是否构成对周某隐私权的侵害。

裁判情况

本案经过法院一审、二审。法院经审理认为，某电视频道并未取得周某对其个人信息及采访内容公开的同意，在周某提出反对播放意见后亦未及时停止播放，侵害了周某隐私权。

裁判结论：某电视频道停止播放并停止许可第三方播放案涉电视节目，并赔偿周某精神损害抚慰金1.5万元。

释法析理

自然人享有隐私权。任何组织或者个人不得以刺探、侵扰、泄露、公开等方式侵害他人的隐私权。本案中，某电视频道作为有一定社会影响力的新闻媒体，应当具备较普通人更高的注意义务，所作的专题报道应当基于事实，对社会现象进行合理的舆论监督，目的是引导社会公众正确的价值取向。某电视频道接受李某单方面的委托后，以解决李某与周某的纠纷为由，进入周某家里拍摄，且问询的内容很多涉及周某婚恋、怀孕、生育等个人隐私，在制作节目并播出前并未取得周某的同意，亦未特别告知周某将如何处理采访、拍摄内容，对周某的肖像亦未进行特殊模糊化处理，节目中将周某婚姻、生育状况等大量个人隐私信息公开，在周某提出反对播放的意见后未及时停止，使周某的个人隐私保护受损，侵害了周某的隐私权。

相关法条

1.《中华人民共和国民法典》第一千零三十二条 自然人享有隐私权。任何组织或者个人不得以刺探、侵扰、泄露、公开等方式侵害他人的隐私权。

隐私是自然人的私人生活安宁和不愿为他人知晓的私密空间、私密活动、私密信息。

2.《中华人民共和国民法典》第一千零三十三条 除法律另有规定或者权利人明确同意外，任何组织或者个人不得实施下列行为：

（一）以电话、短信、即时通讯工具、电子邮件、传单等方式侵扰他人的私人生活安宁；

（二）进入、拍摄、窥视他人的住宅、宾馆房间等私密空间；

（三）拍摄、窥视、窃听、公开他人的私密活动；

（四）拍摄、窥视他人身体的私密部位；

（五）处理他人的私密信息；

（六）以其他方式侵害他人的隐私权。

在自家门外安装摄像头是否侵犯邻居隐私权

（第 1033 条）

基本案情

张某某与何某某系邻居关系，双方均住A市B小区××号楼20层，房门呈直角相邻。2018年底，何某某在更换家中的防盗门后，因防盗门没有猫眼，故在自家房门外墙上安装了一款360智能门铃。门铃可以记录门前的影像，有录像功能。张某某认为何某某安装的门铃记录了张某某家人员出入家门的信息，并且拍摄到了张某某家中摆设，侵害了张某某隐私权，故张某某诉至法院，要求被告删除录制的原告个人信息记录，并拆除房门外安装的360智能门铃。

问题描述

公民的个人隐私及信息安全受法律保护。本案的争议焦点是，行为人为保障自家安全，在自家门外安装具有录制功能的门铃，同步录制邻居进出家门的信息，是否侵犯了邻居的隐私权。

裁判情况

本案经过一审、二审。二审法院经审理认为，民事主体的人身权利、财产权利以及其他合法权益受法律保护，任何组织或者个人不得侵犯。

何某某的门口系张某某出入家门的必经之地，何某某安装在门外的门铃带有摄像功能，摄像头可对张某某出入进行照摄，该处虽处于公共楼道，但亦对张某某及其家人的出行规律、人员流动等进行了记录，对于张某某及其家人的正常生活产生了一定影响，侵犯了原告的隐私权。

裁判结论：判决被告将其位于A市B小区××号楼××号房门外的智能门铃拆除，驳回原告的其他诉讼请求。

释法析理

本案涉及的空间系相邻双方公用空间，它既不属于个人自主空间，也不属于可供不特定人出入的完全开放性公共空间，是一种特殊的空间——"半公共空间"。随着社会的发展和进步，隐私空间不仅限于传统的家庭和住宅，公共场所和半公共空间也有隐私存在，如医院诊室、商场柜台等地，人们也有追求隐私、安全的权利，在公共场所和半公共空间也应当积极、有效地保护个人隐私。

隐私权主要表现为人们对自身信息的控制权。被告安装的摄像头，导致原告出行规律、人员流动等信息难以完全受其控制，原告因此丧失对自身信息的控制权和选择暴露权，原告无法确定自身信息是否会被传播，在什么范围传播。因此，被告安装摄像头的行为构成对原告个人生活安宁权侵害，侵扰了原告的隐私权。

相关法条

《中华人民共和国民法典》第一千零三十三条 除法律另有规定或者权利人明确同意外，任何组织或者个人不得实施下列行为：

（一）以电话、短信、即时通讯工具、电子邮件、传单等方式侵扰他人的私人生活安宁；

（二）进入、拍摄、窥视他人的住宅、宾馆房间等私密空间；

（三）拍摄、窥视、窃听、公开他人的私密活动；

（四）拍摄、窥视他人身体的私密部位；

（五）处理他人的私密信息；

（六）以其他方式侵害他人的隐私权。

频繁拨打他人电话是否构成侵害隐私权

（第 1033 条）

基本案情

邵某甲与邵某乙系兄妹关系，双方因祖父所留遗产处理问题产生矛盾，未能妥善解决纠纷，引发邵某乙频繁拨打邵某甲电话。自 2015 年 1 月 1 日起至 2 月 9 日，邵某乙先后拨打邵某甲手机号码及邵某甲丈夫陈某手机号码共计 2019 次。其中，2015 年 1 月 1 日 4 次、1 月 2 日 5 次、1 月 4 日 32 次……1 月 22 日 97 次、2 月 3 日 270 次、2 月 4 日 114 次、2 月 9 日 110 次。在此期间，邵某甲曾向公安机关多次报案，也曾向居委会请求调解，但邵某乙始终拒绝配合解决问题。邵某甲遂以邵某乙的行为导致其精神高度紧张、惶惶不可终日，身心健康受到严重损害为由诉至法院，请求判令邵某乙赔礼道歉、停止侵害并赔偿邵某甲精神损害抚慰金若干。诉讼中，邵某乙辩称，其拨打电话是想就遗产问题与邵某甲协商解决，因为邵某甲始终拒绝接听，所以才一直拨打电话，并没有骚扰邵某甲的主观意思。

问题描述

民法典明确禁止以电话、短信、即时通讯工具、电子邮件、传单等方式侵扰他人的私人生活安宁。本案的争议焦点是，在于邵某乙频繁拨打邵某甲电话的行为是否侵扰了邵某甲的安宁，是否构成对邵某甲隐私权的侵害。

裁判情况

法院经审理认为，邵某乙频繁拨打邵某甲电话的行为侵犯了邵某甲生活安宁权利和身心健康，构成对邵某甲隐私权的侵害，应承担相应侵权责任。

裁判结论：邵某乙停止实施持续、频繁拨打邵某甲、陈某联系电话的行为，书面赔礼道歉，并赔偿邵某甲精神损害抚慰金 800 元。

释法析理

自然人享有隐私权，其中包括享有保持私人生活安宁和宁静的权利。行为人在行使自身权利及日常交往中不得超出一般社会经验和普通大众能够接受的合理范围，更不得滥用自身权利。行为侵扰他人生活安宁的，应承担相应民事责任。本案中，邵某乙因对祖父所留遗产的处理意见不满，在邵某甲未答应其所提要求的情况下，采取长期、频繁拨打邵某甲电话的方式，向邵某甲施加压力和表达自身要求，而非请求他人参与斡旋调解或法律诉讼方式解决双方矛盾纠纷，其短期内集中拨打邵某甲电话的行为明显超出常人所能接受的合理限度，对邵某甲的日常生活产生不当影响，侵犯了邵某甲生活安宁权利和身心健康，构成对邵某甲隐私权的侵害。最终，法院结合邵某乙行为的过错程度、侵害的手段、方式、侵权行为造成的后果等因素综合确定，判令邵某乙停止侵害，赔礼道歉并赔偿一定数额精神损害抚慰金。

相关法条

《中华人民共和国民法典》第一千零三十三条 除法律另有规定或者权利人明确同意外，任何组织或者个人不得实施下列行为：

（一）以电话、短信、即时通讯工具、电子邮件、传单等方式侵扰他人的私人生活安宁；

（二）进入、拍摄、窥视他人的住宅、宾馆房间等私密空间；

（三）拍摄、窥视、窃听、公开他人的私密活动；

（四）拍摄、窥视他人身体的私密部位；

（五）处理他人的私密信息；

（六）以其他方式侵害他人的隐私权。

手机号被泄露给诈骗分子机主应如何主张权利

（第 1034 条）

基本案情

某月 10 日，原告李某委托 A 通过某网站平台订购了某航空公司机票 1 张，所选机票代理商为 B 代理公司，网上订单详情页面显示该订单登记的乘机人信息包括原告姓名及身份证号，联系人信息、报销信息均为 A 及其手机号。同日，被告某网站平台向 A 发送了防止被诈骗的提醒短信。

同月 12 日，李某手机收到一条短信，告知其预订的航班已取消。上述号码来源不明，但未向 A 发送类似短信。A 知晓上述短信后拨打某航空公司客服电话予以核实，确认该次航班正常，并提示李某收到的短信应属诈骗短信。同月 13 日，被告某航空公司客服向李某尾号××××手机号码发送短信，通知其航班延误。A 遂拨打被告某航空公司客服电话予以确认，得到答复为该次航班确因故障延误。此后李某又两次收到某航空公司客服发来的航班时刻调整短信通知。当日 19 时许，A 再次拨打某航空公司客服电话确认航班时刻，被告知该航班已取消。李某认为，其个人信息被泄露，个人隐私权遭到严重侵犯，故诉至法院，要求某网站及某航空公司在各自的官方网站以公告的形式向李某公开赔礼道歉，同时赔偿其精神损害抚慰金 1000 元。

问题描述

民法典明确规定，自然人的个人信息受法律保护。本案的争议焦点是，本案涉及的姓名、电话号码及行程安排是否可以通过隐私权纠纷而寻求救济；在两被告公司是否存在泄露他人隐私信息的行为，是否应当承担责任。

裁判情况

本案经过一审、二审。二审法院经审理认为，姓名、电话号码及行程安排等事项首先属于个人信息。我国法律明确提出要对个人信息进行保护。本案中，李某被泄露的信息包括姓名、手机号、行程安排（包括起落时间、地点、航班信息）等。根据有关规定，本案李某被泄露的上述诸信息中，其行程安排无疑属于隐私信息，可以通过隐私权纠纷主张救济。

《中华人民共和国消费者权益保护法》第 29 条第 2 款中明确规定，经营者及其工作人员对收集的消费者个人信息必须严格保密，不得泄露、出售或者非法向他人提供。经营者应当采取技术措施和其他必要措施，确保信息安全，防止消费者个人信息泄露、丢失。而本案泄露事件的发生，是两被告公司未采取专门的、有针对性的有效措施加强信息安全保护，疏于防范导致的结果，因而可以认定两被告公司具有过错，理应承担侵权责任。

裁判结论：两被告公司以公告形式向原告赔礼道歉，驳回原告的其他诉讼请求。

释法析理

在现代信息社会，个人信息的不当扩散与不当利用已经越来越成为危害公民民事权利的一个社会性问题，因此，对于个人信息的保护已经成为全球共识。本案中，即使仅有李某的姓名和手机号不构成隐私信息，但当姓名、手机号和李某的行程信息（隐私信息）结合在一起时，整体上成为隐私信息。基于此，将姓名、手机号和行程信息结合起来的信息归入个人隐私进行一体保护，符合信息时代个人隐私、个人信息电子化的趋势。

《中华人民共和国消费者权益保护法》明确规定，经营者负有保护消费者个人信息的责任。本案中，两被告公司因其经营性质掌握了大量的个人信息，其就必须尽力保护好消费者的个人信息免受泄露，这既是其社会责任，也是其应尽的法律义务。然而两公司未采取专门的、有针对性的有效措施，导致消费者个人信息泄露，进而使消费者处于被诈骗的风险中，因而可以认定具有过错，应当承担侵权责任。

相关法条

1. **《中华人民共和国民法典》第一千零三十四条** 自然人的个人信息受法律保护。

个人信息是以电子或者其他方式记录的能够单独或者与其他信息结合识别特定自然人的各种信息，包括自然人的姓名、出生日期、身份证件号码、生物识别信息、住址、电话号码、电子邮箱、健康信息、行踪信息等。

个人信息中的私密信息，适用有关隐私权的规定；没有规定的，适用有关个人信息保护的规定。

2.《中华人民共和国消费者权益保护法》第二十九条第二款 经营者及其工作人员对收集的消费者个人信息必须严格保密，不得泄露、出售或者非法向他人提供。经营者应当采取技术措施和其他必要措施，确保信息安全，防止消费者个人信息泄露、丢失。在发生或者可能发生信息泄露、丢失的情况时，应当立即采取补救措施。

将起诉状发布到非特定微信群中是否侵害他人隐私权

（第 1034 条、第 1035 条）

基本案情

原告刘某某、王某某与被告邓某某为 A 市 B 小区 2 栋一单元业主，该小区先后建立了“B 小区业主委员会筹备组”“B 小区业主交流群”等微信群。2018 年 4 月 16 日，法院立案受理邓某某与刘某某、王某某物权保护纠纷，后邓某某将受理案件通知书、民事起诉状（含刘某某和王某某的姓名、性别、出生年月日、具体住址等信息）等诉讼文书发布至“B 小区业主交流群”和“B 小区业主委员会筹备组”。刘某某、王某某以邓某某侵犯其隐私权为由提起诉讼。法院于 2018 年 5 月 22 日立案，向邓某某送达了起诉书副本等诉讼文书，后邓某某又将起诉书副本（含刘某某和王某某的姓名、性别、出生年月日、具体住址等信息）、传票等诉讼文书发布至“B 小区业主委员会筹备组”。原告以被告侵犯了其隐私权为由，诉至法院，要求被告在 B 小区聊天群中向原告赔礼道歉，并赔偿精神损失费等 3 万元。

问题描述

在人数众多的微信群里公布含他人姓名、性别、出生年月日、具体住址等信息的诉讼文书，构成侵犯他人隐私权，应当承担相应的侵权责任。原告没有证据证明其因隐私权遭受侵害，造成其精神受损或其他严重损害后果的，被告则不必承担经济赔偿责任。本案的争议焦点是，邓某某的行为是否侵犯了刘某某、王某某的隐私权，要不要承担经济赔偿责任。

裁判情况

本案经过一审、二审。法院经审理认为，本案双方当事人因物权保护纠纷和隐私权纠纷产生争议而分别诉至法院，双方为起诉所提供的个人信息应限于在法院和该案当事人之间的有限范围内公开，被告在物权保护纠纷立案后将载有二原告姓名、住址等个人信息的起诉书发布至“B小区业主交流群”和“B小区业主委员会筹备组”，在收到隐私权纠纷的诉讼文书后将载有二原告姓名、住址等个人信息的起诉书副本等发布至“B小区业主委员会筹备组”，被告未提交证据证明其公开二原告个人信息具有法律规定的除外情形，也未采取任何遮蔽、隐名等措施，致二原告的上述个人信息在小区微信群内被公开，其行为侵犯了二原告的隐私权，依法应承担相应的民事责任。原告因未提交足够证据证明因本案纠纷造成其精神受损或其他严重损害后果，故应对其要求被告赔偿精神损失费等3万元的诉讼请求承担举证不能的法律后果。

裁判结论：被告邓某某于本判决生效之日起5日内在A市“B小区业主交流群”和“B小区业主委员会筹备组”微信群向原告刘某某、王某某赔礼道歉；驳回原告其他诉讼请求。

释法析理

自然人的姓名、年龄、住址、电话、身份证号码等个人信息受法律保护。任何组织和个人需要获取他人个人信息的，应当依法取得并确保信息安全，不得非法收集、使用、加工、传输他人个人信息，不得非法买卖、提供或者公开他人个人信息。自然人对自己具有私密性的个人信息是否向他人公开以及公开的范围和程度等具有决定权。行为人通过合法途径获取的他人个人信息，不经他人同意在微信群内公开，其行为侵犯了他人的隐私权，依法应承担相应的民事责任。被害人要求侵权人作出经济赔偿的，应当提供证据证明其主张。不能提供证据或者证据不足以证明其事实主张的，由负有举证证明责任的当事人承担不利的后果。

相关法条

1.《中华人民共和国民法典》第一千零三十四条 自然人的个人信息受法律保护。

个人信息是以电子或者其他方式记录的能够单独或者与其他信息结合识别特定自然人的各种信息，包括自然人的姓名、出生日期、身份证件号码、生物识别信息、住址、电话号码、电子邮箱、健康信息、行踪信息等。

个人信息中的私密信息，适用有关隐私权的规定；没有规定的，适用有关个人信息保护的规定。

2.《中华人民共和国民法典》第一千零三十五条 处理个人信息的，应当遵循合法、正当、必要原则，不得过度处理，并符合下列条件：

（一）征得该自然人或者其监护人同意，但是法律、行政法规另有规定的除外；

（二）公开处理信息的规则；

（三）明示处理信息的目的、方式和范围；

（四）不违反法律、行政法规的规定和双方的约定。

个人信息的处理包括个人信息的收集、存储、使用、加工、传输、提供、公开等。

电视台公开节目参与人信息是否构成侵害隐私权

（第 1036 条）

基本案情

2018 年 5 月，原告陈某某接受被告某某电视台工作人员邀请，参与录制了一期娱乐性节目，该期节目主要就陈某某与李某某的离婚纠纷进行调解。该节目使用了陈某某及其他录制节目的当事人的真实姓名，并在电视画面中呈现了陈某某诉李某某离婚纠纷一案的民事起诉书、住宅房屋拆迁补偿安置指导意见、赠与协议、李某某的盖房审批表、李某某的建房用地审批表五份书面文件，被告电视台对上述文件的主要内容进行了模糊化处理。2013 年 10 月，被告电视台经剪辑播出该节目，并在其网络视频平台发布了该节目视频。后根据陈某某代理人要求，被告电视台删除了发布在相关网站上的节目视频。陈某某认为，被告在原告及家人皆不知情未经授权的情况下，将原告的隐私通过电视台和网络向外界散播，并以转让版权费和广告费等方式获益，后果极其严重，陈某某因此诉至法院，要求被告赔偿精神损失费 20 万元，通过电视台、报纸、网络刊登公告的方式，为原告消除影响、恢复名誉和人格权。

问题描述

民法典明确规定，在自然人同意的范围内合理处理个人信息的，不承担民事责任。本案的争议焦点是，被告在节目中公开原告婚姻家庭关系是否侵犯了原告的隐私权；被告在节目中呈现与原告相关的 5 份书面文件，是否属于不正当处理他人个人信息行为。

裁判情况

本案经过一审、二审。法院经审理认为，首先，关于公开婚姻家庭关系的问题，被告电视台邀请陈某某等人录制涉案电视节目，节目的主要内容是就陈某某与李某某的离婚纠纷进行调解，在节目中，各方当事人对陈某某、李某某的婚姻关系、家庭成员之间的家庭关系及相互之间的矛盾均进行了陈述。节目的性质决定了上述家庭成员间的隐私内容均有可能被披露，陈某某自愿参加节目录制，应对节目的播出有一定的心理预期。加之陈某某在节目录制过程中和节目播出前并未提出拒绝对外播放的要求，故被告电视台在节目中公开其家庭关系并未侵犯其隐私权。其次，关于公开个人信息，节目中呈现了陈某某诉李某某离婚纠纷一案的民事起诉书、住宅房屋拆迁补偿安置指导意见、赠与协议、李某某的盖房审批表、李某某的建房用地审批表 5 份书面文件，因被告电视台对该 5 份文件的主要内容进行了模糊化处理，观众通过观看节目并不能获取该 5 份文件中有关陈某某的个人信息，故不应认定被告电视台侵犯其隐私权。

裁判结论：陈某某主张某电视台侵犯其隐私权，证据不足，驳回陈某某的诉讼请求。

释法析理

公开个人信息是将个人信息向社会公众或者不特定群体披露的行为，实质上是使用个人信息的一种方式。确需公开个人信息的，应当取得个人信息主体的同意。未经同意即公开的，根据公开的规模、类型及程度的范围，以及未尽注意义务致使公开行为造成损害程度，承担相应的侵犯责任。本案中，婚姻家庭关系等信息是调解离婚纠纷电视节目不可或缺的元素，原告参加录制该类电视节目，且未明确反对公开其婚姻家庭关系等个人信息，意味着其同意公开相关个人信息，故电视台在节目中公开原告的婚姻家庭关系是合理使用个人信息的行为，不承担民事责任。

对于原告其他个人信息，作为个人信息使用者的电视台则负有保障安全的义务，应当采取有效措施，保护个人信息的安全。本案中，电视台对涉案文件的主要内容进行了模糊化处理，观众通过观看节目并不能获取该涉案文件中有关陈某某的个人信息，故应当认为电视台已经履行了相应义务，电视台主张免责的抗辩成立。

相关法条

《中华人民共和国民法典》第一千零三十六条 处理个人信息，有下列情形之一的，行为人不承担民事责任：

（一）在该自然人或者其监护人同意的范围内合理实施的行为；

（二）合理处理该自然人自行公开的或者其他已经合法公开的信息，但是该自然人明确拒绝或者处理该信息侵害其重大利益的除外；

（三）为维护公共利益或者该自然人合法权益，合理实施的其他行为。

因个人信息被他人冒用产生不良信用记录的如何维权

（第 1037 条）

基本案情

2015 年 11 月，某案外人以“范某某”名义填写了个人贷款申请表，向 A 金融有限公司申请消费贷款 4800 元。申请表中记载了申请人的联系电话、母亲姓名、工作单位、职位、工作开始时间等信息。经核查，除了申请人姓名、联系电话与原告范某某真实情况相符，其他信息均不符。B 通讯店作为该案外人购买商品的卖方在相应的贷款审核意见书中加盖了公章。借款后，案外人未就消费贷款进行还款。2017 年 7 月，A 金融有限公司给原告打电话催款，并告知原告的消费贷款从没还过款，现已影响征信。后范某某前往中国人民银行查询征信情况，发现中国人民银行征信系统显示其账户状态为呆账，且其本人已被拉入征信黑名单。为此，范某某将 A 金融有限公司、B 通讯店诉至法院，要求被告 A 金融有限公司立即协助取消原告在中国人民银行征信中心的不良信用记录，二被告支付误工费、交通费、精神损害抚慰金人民币 1 万元。

问题描述

自然人的个人信息受法律保护，任何组织和个人都不得冒用。本案的争议焦点是，A 金融公司审核不严、B 通讯店不作审查导致某案外人冒用范某某名义贷款不还，范某某被中国人民银行纳入不良信用记录，被告A金融有限公司和B通讯店对范某某的名誉是否造成了侵害；如果构成侵权，两被告应当如何承担侵权责任。

裁判情况

本案经过一审、二审。法院经审理认为，因被告A金融有限公司审核不严，被告B通讯店不作审查，使案外人冒用原告范某某名义贷款，且逾期未还，导致范某某被中国人民银行纳入不良信用记录，对范某某的名誉造成了侵害，两被告应当共同承担侵权责任。对于原告要求二被告协助取消原告在中国人民银行征信中心的不良信用记录的主张予以支持。被告的侵权行为同时给原告造成了误工损失及交通费损失，原告要求精神损害赔偿也有事实及法律依据，二被告应当承担相应的经济赔偿责任。

裁判结论：法院判决被告A金融有限公司和B通讯店协助原告范某某取消在中国人民银行征信中心的不良信用记录，并赔偿范某某误工费、交通费、精神损害抚慰金共计人民币4000元。

释法析理

本案中，A金融有限公司提供的个人贷款申请表中所载明的“范某某”个人信息，与范某某本人的真实信息存在多处不同，且经核对，该申请表中的“范某某”签名亦与范某某本人的签名存在明显不同，故该申请表不能证明案涉贷款为范某某本人所贷。该公司审核不严，致使案外人以范某某名义贷款，并导致范某某被中国人民银行纳入不良信用记录，其行为侵犯了范某某的合法权益，应当承担相应的侵权责任。被告B通讯店未作审查即在贷款审核意见书上盖章确认，其行为亦侵犯了范某某的合法权益，应当与被告A金融有限公司共同承担侵权责任。范某某因两被告的侵权行为遭受精神损害，并因此产生交通及误工损失，两被告作为侵权人，应当予以赔偿。

相关法条

1.《中华人民共和国民法典》第一千零三十七条 自然人可以依法向信息处理者查阅或者复制其个人信息；发现信息有错误的，有权提出异议并请求及时采取更正等必要措施。

自然人发现信息处理者违反法律、行政法规的规定或者双方的约定处理其个人信息的，有权请求信息处理者及时删除。

2.《中华人民共和国民法典》第一千一百八十三条 侵害自然人人身权益造成严重精神损害的，被侵权人有权请求精神损害赔偿。

因故意或者重大过失侵害自然人具有人身意义的特定物造成严重精神损害的，被侵权人有权请求精神损害赔偿。

向第三人提供他人信息是否应承担侵权责任

（第 1038 条）

基本案情

2015 年 4 月，李某以其身份证在某公司申请办理了一台 POS 机，绑定李某名下的工商银行银行卡。2019 年 8 月 2 日，张某携带某市国家安全局工作证到某公司调取李某 2015 年 4 月至 2016 年 7 月 30 日期间的 POS 机流水信息，因一人不符合法律规定，某公司未同意调取。8 月 6 日，张某又带其同事及证件到某公司处再次申请调取李某信息，张某自称其证件是保密的不能复印，于是该公司只对张某的工作证进行了拍照。张某经与某公司法务部人员沟通，向该公司提交了某律师事务所律师调查专用证明及该所两名律师的律师证复印件，但两名律师本人没有到场，某公司便将李某的 POS 机流水信息发给张某。2019 年 8 月 15 日，李某想通过律师向该公司申请调取张某的个人信息，某公司以其未提交法院的调查令为由未向李某提供。张某将上述调取的李某 POS 机流水信息作为证据在其与李某的二审离婚诉讼中提交法庭。李某遂诉至法院，请求判令某公司以书面形式向李某赔礼道歉，并赔偿李某精神损害抚慰金 3 万元。

问题描述

民法典明确规定，未经自然人同意，不得向他人非法提供其个人信息。本案的争议焦点是，某公司向张某提供李某 POS 机流水信息是否构成对李某个人信息的侵犯。

裁判情况

本案经过一审、二审。法院经审理认为，在张某提供的手续不符合相关规定的情况下，某公司仍将李某的个人信息提供给张某，侵犯了李某的隐私权。

裁判结论：某公司向李某以书面形式赔礼道歉，并向李某支付精神损害抚慰金 5000 元。

释法析理

自然人的个人信息受法律保护。个人信息是以电子或者其他方式记录的能够单独或者与其他信息结合识别特定自然人的各种信息，包括自然人的姓名、出生日期、身份证件号码、生物识别信息、住址、电话号码、电子邮箱、健康信息、行踪信息等。本案中，绑定个人银行账户的 POS 机交易信息应属李某个人信息，受法律保护。

《中华人民共和国律师法》第 35 条第 2 款规定，律师自行调查取证的，凭律师执业证和律师事务所证明，可以向有关单位或者个人调查与承办法律事务有关的情况。某公司在张某只持有律所公函、律师证复印件，而律师本人未到场的情况下，向其调取了李某的 POS 机和银行卡交易信息，违反了上述规定，存在过错，且张某将该信息用于其与李某的离婚诉讼，已影响了李某的生活，对李某造成了精神压力，该公司应当承担侵权责任。

相关法条

1.**《中华人民共和国民法典》第一千零三十八条第一款** 信息处理者不得泄露或者篡改其收集、存储的个人信息；未经自然人同意，不得向他人非法提供其个人信息，但是经过加工无法识别特定个人且不能复原的除外。

2.**《中华人民共和国律师法》第三十五条** 受委托的律师根据案情的需要，可以申请人民检察院、人民法院收集、调取证据或者申请人民法院通知证人出庭作证。

律师自行调查取证的，凭律师执业证书和律师事务所证明，可以向有关单位或者个人调查与承办法律事务有关的情况。

医院泄露病历导致患者隐私权遭受侵害应如何承担责任

（第 1038 条）

基本案情

蔡某某于2006年4月26日至5月23日因混合痔、肛裂在某肛肠医院住院治疗。2012年5月，蔡某某的家人在上网时发现，蔡某某在该医院就医的部分病历信息被人制作成光盘在网上发布出售信息。后蔡某某及其家人找到某肛肠医院，要求其联系网站删除相关信息，并给予蔡某某一定数额的经济补偿。2012年7月中旬，蔡某某及某肛肠医院到公安机关报案，后公安机关将出售光盘人员抓获，但未能查清病历泄露的原因。在公安部门的协助下删除了部分网页，但在网上还能搜到出售手术类视频光盘的相关信息，显示教学光盘已下架，不能进行交易；豆丁网等多家网站的网页上“手术类视频目录”中还能显示“蔡某某痔裂”的内容。蔡某某遂将某肛肠医院诉至法院，要求其承担赔偿责任。庭审中，被告称涉案光盘中涉及该院890名患者的病历，还有其他医院的患者病历。原告称因被告的侵权行为给其造成精神压力，导致哺乳期间突然断奶，使刚出生半年的婴儿失去母乳，且经常失眠、记忆力下降、脾气暴躁。

问题描述

本案系一起因被告医院管理不严致使患者姓名、隐私信息被泄露的隐私权纠纷案件。信息处理者应当采取技术措施和其他必要措施，确保其收集、存储的个人信息安全，防止信息泄露、篡改、丢失。本案的争议焦点是，案外人擅自将患者病历隐私发布在网站，并公开销售载有蔡某某多名患者隐私的光盘，涉案医院是否存在过错，若存在过错，应如何承担过错责任。

裁判情况

本案经过一审、二审。法院经审理认为，蔡某某在某肛肠医院就诊后，该肛肠医院即负有根据相关法律、行政法规及行业规定的要求，对蔡某某的病历进行严格管理、保存、保密之义务，但该肛肠医院未尽上述义务，致使蔡某某病历外泄，存在过错。该肛肠医院的行为对蔡某某的隐私权构成侵害，并致使蔡某某遭受精神损害，应对其侵权行为承担相应的法律责任。

裁判结论：判令被告某肛肠医院赔偿原告蔡某某精神抚慰金 1.2 万元；驳回原告蔡某某的其他诉讼请求。

释法析理

根据蔡某某在某肛肠医院就医时适用的《医疗机构病历管理规定》，医疗机构应当严格病历管理，严禁任何人涂改、伪造、隐匿、销毁、抢夺、窃取病历；除涉及对患者实施医疗活动的医务人员及医疗服务质量监控人员外，其他任何机构和个人不得擅自查阅该患者的病历；因科研、教学需要查阅病历的，需经患者就诊的医疗机构有关部门同意后查阅，阅后应当立即归还，不得泄露患者隐私。肛肠医院作为医疗机构，未严格执行上述管理规定，导致蔡某某就医病历外泄，对蔡某某的姓名权、隐私权造成一定伤害，对此肛肠医院负有过错，应对蔡某某承担一定的赔偿责任。

因载有蔡某某部分病历内容的视频光盘在出售时有一定的相对性，且现已不能进行交易，故侵权范围已得到一定控制；虽然现仍有部分网页上显示“蔡某某痔裂”的内容，但仅限于认识了解蔡某某情况的人对此可能有关注，因此影响范围有一定局限性。此外，蔡某某称因肛肠医院的侵权行为给其造成精神压力，但未提供相应证据，故法院根据肛肠医院的过错程度及蔡某某的具体情况，酌情确定精神抚慰金的具体数额。

相关法条

《中华人民共和国民法典》第一千零三十八条 信息处理者不得泄露或者篡改其收集、存储的个人信息；未经自然人同意，不得向他人非法提供其个人信息，但是经过加工无法识别特定个人且不能复原的除外。

信息处理者应当采取技术措施和其他必要措施，确保其收集、存储的个人信息安全，防止信息泄露、篡改、丢失；发生或者可能发生个人信息泄露、篡改、丢失的，应当及时采取补救措施，按照规定告知自然人并向有关主管部门报告。

申请政府信息公开反被泄露个人信息政府机构应否承担责任

（第 1039 条）

基本案情

原告周某某依法向被告某监督管理单位申请政府信息公开，按该单位网站政府信息依申请公开系统页面提示，向网站提供个人姓名、身份证号码、通信地址、联系电话等个人信息及上传个人身份证复印件等资料。2015 年 5 月 8 日，周某某发现通过百度搜索，可以搜索到其他人在该单位网站的注册信息。同月 10 日晚，被告单位通过媒体报道获知相关情况后，立即对系统进行升级，并向百度投诉平台提交删除敏感信息申请。13 日百度已无法搜索到媒体报道的相关个人信息。据统计，周某某的注册信息于 2014 年 12 月底至 2015 年 5 月 31 日期间共被访问过 3 次，均为 2015 年 5 月 10 日。原告周某某以被告单位侵权为由诉至法院，请求依法判令：1. 被告单位网站泄露其个人信息构成侵权；2. 被告单位在其官方网站公开致歉 7 天，并及时消除影响；3. 被告单位赔偿原告周某某精神损害抚慰金人民币 5 万元。

问题描述

民法典明确规定，国家机关、承担行政职能的法定机构及其工作人员对于履行职责过程中知悉的自然人的隐私和个人信息，应当予以保密，不得泄露或者向他人非法提供。本案的争议焦点是，原告周某某向被告单位申请政府信息公开的个人信息是否被泄露，被告单位网站系统是否有漏洞；被告单位是否构成侵权，周某某是否因信息泄露受到损害。

裁判情况

本案经过一审、二审。法院经审理认为，从现有证据可以确认周某某的个人信息已被泄露，被告单位网站系统存在漏洞。周某某为申请政府信息公开，向被告单位网站提供了个人姓名、身份证号码、通信地址、联系电话等个人信息，被告单位在获取该信息后应妥善保管，并负有保护个人信息安全的义务。被告单位因其网站系统漏洞原因，致使周某某在该网站的注册信息可被其他网络用户查看、获取，侵犯了周某某的隐私权。但根据庭审查明的事实，周某某所称的财产损失与案外第三人的纠纷有关，与被告单位泄露信息行为之间没有因果关系，不能认定周某某因信息泄露遭受损害。对于周某某主张的精神损害赔偿，因损害事实难以确定，故不予支持。

被告单位为网站营运安全，采购了相关网络安全设备及服务；在获知注册用户信息泄露后，及时采取有效措施，避免注册用户信息的进一步泄露。而周某某的注册信息共被访问过 3 次，信息泄露范围极其微小，故周某某要求公开致歉的理由不成立，不予支持。

裁判结论：法院判决确认被告单位的官方网站泄露原告周某某注册信息行为构成侵权；驳回原告周某某的其他诉讼请求。

释法析理

在当今互联网技术不断迅猛发展的时代，网络没有绝对的安全。若网站被非法入侵，用户信息被获取，就意味着该网站存在漏洞。本案中，被告单位网站是经主管部门备案和权威部门测评合格后，给社会公众提供政务服务的网站，系网络服务提供者，依照《全国人民代表大会常务委员会关于加强网络信息保护的决定》第 4 条关于“网络服务提供者和其他企业事业单位应当采取技术措施和其他必要措施，确保信息安全，防止在业务活动中收集的公民个人信息泄露、损毁、丢失……”之规定，被告单位依法负有保护申请政府信息公开申请人信息安全的义务。被告单位网站因网络漏洞泄露了周某某的个人注册信息，根据《中华人民共和国民法典》第 1194 条之规定，被告单位对周某某构成了侵权。本案中，周某某没有提供证据证实其个人信息从被告单位网站泄露后，财产受到损失；也没有举证证明精神损害造成了严重后果。周某某担心被泄露的信息被别人利用，进而造成经济损失，这属于以无法确定的、臆测将来可能发生的事件作为精神损害事实根据，没有法律依据。

被告单位在获知其网站存在漏洞时，及时采取了相应措施进行弥补。而周某某发现其信息被泄露后，没有及时通知被告单位采取措施，而是放任其信息泄露的扩散，并以此向被告单位索赔，其目的不具有正当性。根据《中华人民共和国民法典》第 1195 条之规定，其无权就扩大损失部分要求被告单位承担侵权民事责任。

相关法条

1.《中华人民共和国民法典》第一千零三十九条 国家机关、承担行政职能的法定机构及其工作人员对于履行职责过程中知悉的自然人的隐私和个人信息，应当予以保密，不得泄露或者向他人非法提供。

2.《中华人民共和国民法典》第一千一百九十四条 网络用户、网络服务提供者利用网络侵害他人民事权益的，应当承担侵权责任。法律另有规定的，依照其规定。

3.《中华人民共和国民法典》第一千一百九十五条第一款 网络用户利用网络服务实施侵权行为的，权利人有权通知网络服务提供者采取删除、屏蔽、断开链接等必要措施。通知应当包括构成侵权的初步证据及权利人的真实身份信息。